포 스 트
코 로 나
시 대

지금 우리는 무엇을 할 것인가?

안영로 지음

쿰란출판사

지금 우리는
무엇을 할 것인가?

헌시

한 마리 학이 되어

안 형의 조용한 얼굴을 보고 있으면
가는 바람에도 흔들거리는 나뭇가지가 보이고
그 나무들끼리 모여 숲을 이뤄 수런대는 소리가
내 귓가에 들려오고 있습니다.

안 형의 조용한 얼굴을 보고 있으면
무등산의 든든한 산줄기가 일어서 오고
영산강이 찰랑대며 흘러가는 소리가

내 마음속에 들려오고 있습니다.

안 형의 다정스런 글들을 읽고 있으면
잃었던 고향, 유년의 웃음소리가 들려오고
잊혔던 고향, 친구들의 이름이 생각나서
내 기억의 저편에서 반짝이고 있습니다.

안 형의 다정스런 글들을 읽고 있으면
초가집 굴뚝에 저녁 연기가 피어오르고
창가에 호롱불이 켜지고 있으며
내 가슴속엔 그리움이 맴돌고 있습니다.

안 형의 이름을 어쩌다가 불러 보노라면
멀리에 있어도 그리 멀지 않고
가까이에 있어도 그리 가깝지 않은
언제나 같은 자리에 서 있습니다.

안 형의 이름을 또다시 불러 보노라면
땅 위에 살고 있으면서도 하늘에 있고
하늘에 살고 있으면서도 땅에 있는
우리 모두의 영원한 친구입니다.

안 형의 한평생을 뒤돌아보면
한 마리 외로운 학이 되어

먼 하늘 어느 기슭을 날고 있었고
해와 달과 별들도 빛나고 있습니다.

안 형의 한평생을 뒤돌아보면
주님께서 맡겨 주신 양 떼를 몰며
봄, 여름, 가을 그리고 긴 겨울을
선한 목자 따라 살아가는 목동입니다.

2020년 6월

정려성 목사(시인, 세진교회)

머리말

　　코로나19 바이러스 때문에 온 세계가 지금 껏 겪어 보지 못했던 일상을 보내고 있다. 그뿐만 아니라 경제 위기, 여러 가지 차별과 갈등, 불안도 이제 더 이상 새로운 이야기가 아니다. 누구라도 가정과 교회와 나라와 세계의 문제점을 소리쳐 외친다. 그러나 지금 우리에게 필요한 것은 이러한 문제들을 어떻게 극복하며 치료할 것인가 하는 대안이다.

　그리스도인들에게 참된 대안은 무엇인가? 그것은 말씀에 기초하는 것이다. 창조주 앞에 겸손히 서서 이웃과 가정에서부터 올바른 변화를 이끌어내는 것이다. 지금껏 실천해 온 아름다운 선행은 더욱 격려하여 시냇가에 뿌리를 내린 나무처럼 포스트 코로나 시대에도 무성하고 시원한 그늘을 유지하도록 해야 한다. 또한 본래의 빛을 잃어버려 어두워진 삶의 터전에는 참빛을 비추어 우리가 마땅히 가야 할 길을 밝히 보여주어야 한다. 이는 지나온 시절을 돌아보고 지금을 생각하며 새롭게 일구어가는 과정 속에서 이루어질 수 있을 것이라 여겨진다.

그런 의미에서 1999년 발표했던 《지금 우리는 무엇을 할 것인가?》를 대폭 보충하고 수정하여 다시 발간한다. 목회의 현장에서 만났던 잊을 수 없는 사람들과 그들의 사랑을 기억하며 우리가 잃어버린 참된 가치에 대해 생각해 보았다. 지금도 삶의 자리에는 말씀에 기초하여 생활하는 보배같은 분들이 많이 있다.

한편 치료해야 할 상처들을 드러냄으로써 그리스도인들이 회복해야 할 건강한 모습을 보여주고자 하였다. 우리가 황무해진 이 땅에서 해야 할 일은 역사에 대한 책임을 짊어지고 기초를 다시 쌓는 일이다. 이 일은 시대를 분별하고 하나님이 우리를 사랑하신 것처럼 기꺼이 사랑의 수고를 하며 나아가 세계를 살리기 위한 세계 선교에 헌신하는 일로 나타나야 한다. 하나님이 우리를 부르신 까닭이 바로 이것이기 때문이다.

돌아보면 그때마다 삶의 굴곡이 있었고 걸어온 길은 희미하지만 우리가 나아가야 할 방향은 언제나 한결같았음을 깨닫게 된다. 포스트 코로나 시대를 준비해야 하는 지금, 우리는 기초를 새롭게 하며 구체적인 삶으로 아름답게 결실해야 할 것이다.

  이 책을 낼 수 있도록 성실하게 도와 준 쿰란출판사 이형규 장로님과 직원들에게 감사한 마음을 전하며, 주님께서 맡겨 주신 사명을 더욱 잘 감당하길 기도한다.

2020년 8월

안영로 목사

차례

헌시_ 정려성 목사(시인, 세진교회) _ 4
머리말 _ 8

1부 '아멘'과 '그려'

무릎을 꿇는 자의 기쁨	_ 018
예배로 영적 안전벨트를 단단히 매자	_ 021
하나님~, 어쩌까!	_ 024
잊을 수 없는 두 사람	_ 027
'아멘'과 '그려'	_ 030
사랑과 채찍	_ 033
아끼고 사랑하는 마음	_ 036

마지막 순간들	_ 039
동질성	_ 042
회상	_ 045
초막이나 궁궐이나	_ 049
투(two)	_ 052
하나님의 크신 사랑	_ 055

2부 / 웃으며 사는 사람들

잊을 수 없는 여인	_ 060
석류알 같은 땀방울	_ 065
지켜야 할 자연환경	_ 069
기독교인과 애국	_ 073
웃으며 사는 사람들	_ 077

하나님의 일을 생각하라 _ 083
나는 죄인인디 의인이랍니다 _ 088
꽃 속에 담긴 사랑 _ 091
오직 예수로 세계 선교를! _ 095
가을에는 열매 맺게 하소서 _ 100
넘치도록 감사하자 _ 106
21세기를 향한 선교 _ 111
의지하는 신앙 _ 117

3부 / 지금 우리는 무엇을 할 것인가?

시간은 소중하다 _ 126
예수 탄생의 기쁨 _ 133
지금 우리는 무엇을 할 것인가? _ 139

믿음의 가정을 회복하자 _ 146
희망찬 새해를 열어가자 _ 152
지금도 전도할 때 _ 157
위기는 위인을 만든다 _ 161
겉치레의 가면을 벗자 _ 165
올바른 인간성을 회복하라 _ 170
시대를 분별하는 지혜를 찾자 _ 174
연합과 일치 _ 177
천사들의 아름다운 손길 _ 182
모든 영광을 주님께 _ 186

포스트
코로나
시대

제1부

'아멘'과 '그려'

아마도 목회 현장에서 예수 그리스도의 성육신에 대한
참된 의미를 몸으로 가장 잘 체험하는 사람들이
농어촌 목회자들일 것이다. 그 후 나는 농어촌 교회에서
목회하는 동역자들을 만날 때마다 더욱 겸허한 자세로 대하며
존경하는 마음을 갖게 되었다.

무릎을
꿇는 자의
기쁨

60년 전 내가 강도사 시절에 첫 목회지로 개척을 꿈꾸던 당시의 일이다. 전라남도 광주시의 한 어른 목사님께서 내게 좋은 교회가 있으니 내려오라고 하셨고, 동시에 서울 영락교회 한경직 목사님께서도 "광주에 참 좋은 교회가 있다고 하니 여기서 개척하지 말고 광주로 내려가면 좋겠습네다"라고 하셨다.

바로 광주 시청 뒤쪽에 개척된 모 교회였다. 나는 얼마나 좋은 교회일까 기대하고 내려갔다. 내려와 보니 성도 7명인데 그중 2명이 걸인이었다.

이것이 좋은 교회구나! 나는 그날부터 눈물로 매일 무릎을 꿇고 하나님께 매달렸다. 그로부터 3개월 되었는데, 여러 교회에서 장로님 세 분이 오셔서 왜 이런 교회에서 목회하느냐며 청빙을 하셨다. 나는 내가 떠나면 다른 교역자가 또 고생해야 하니, 자립할 때까지 갈 수가 없다고 사양했다. 그 당시는 신학을 마친 교역자를 구하기가 힘든 시대였다. 그 장로님들이 울고 가셨다. 그 후로도 나는 이 교회에서 10년 동안 무릎을 꿇으면서 매우 기쁜 마음으로 목회했다.

이 동네는 본래 광주시 변두리로 광주의 양동시장에다 고추, 토마토 등 농사한 채소를 팔아 생계를 유지하는 곳이다. 강도사로 5월에 부임하여 12월에 목사가 된 나는 걸인 교인 2명을 집사 임명하려고 기존 집사님들에게 얘기했다. 그랬더니 그분들이 깜짝 놀라서 우리가 전도해도 부흥이 안 되는데 이들이 집사 되면 교회 망한다고 반대했다.

그래서 나는 성경을 보면, 거지 나사로는 천국 갔고 부자는 지옥 갔지 않습니까? 왜 그걸 모르고 거지를 멸시하느냐고 설득했다.

걸인 성도들은 매주 '주 십일조'를 하신다. 그분들이 동냥해서 받은 동전을 헌금으로 내는 모습을 보면, 반짝반짝 닦아서 내신다. 기존 집사님들은 농사를 지으니, 추수한 농산물을 팔아야 십일조를 할 수 있어서, 매달 못하신다. 걸인 집사를 임명한 다음 주부터 교인이 불어나는데, 같은 걸인들을 데리고 왔다. '세상에~ 걸인을 집사로 임명한 너희 교회에 한번 가보자'고 하면서 왔다. 그 당시는 우리나라가 경제적으로 어려운 때라 거리에 이런 걸인들이 많았다. 아, 3명을 데리고 와서 교인이 12명이 되었다. 그다음에 또 데려와서 19명까지 교인이 늘어났다.

얼마나 기쁜지. 주변에서도 전도가 되어 50명까지 부흥되었다. 그 걸인 집사님들이 이제는 권사님이 되셨고 그 자녀들에게 하나님이 큰 축복을 주신 것을 보았다. 하나님의 영광을 위해 무릎 꿇으면 하나님께서 기쁨을 선물하신다. 놀라운 일이 일어난다. 무릎 꿇는 사람에게 하나님께서는 열매를 주신다. 무릎 꿇는 자에게 주시는 기쁨을 누려보자.

예배로
영적 안전벨트를
단단히 매자

코로나19 전염병은 노아 방주 시대 이후에 가장 무서운 재앙 아닌가. 나는 1936년에 태어나서 이런 질병을 이제껏 보거나 듣지 못했다. 가장 어려운 재앙이 지구상에 내려졌다. 고대 대홍수 사건 때 노아의 방주에서 새로 시작된 의로운 하나님의 사람들이 온 세상에 번성했다.

그러므로 코로나 시대에 우리는 신앙의 안전벨트를 더욱 매야 한다. 차를 운전할 때에 안전운행을 위해 매듯 영적으로 안전벨트를 매야 한다. 어떤 어려움이 와도 시련이 와도 고통이 와도 이겨낼 수 있는 힘을 하나님이 주시고, 함께해 주시고, 풍성한 은혜의 단비를 내려 주실 줄로 믿기 때문이다.

코로나 시대를 맞아서 현장 예배와 온라인 영상 예배를 병행해서 드리는 교회가 많아졌다. 온라인으로 예배를 드리는 경우, 내 집에 앉아서 예배드리지만 마음으로는 성전에서 기도한다는 태도와 자세를 명심하자. 아브라함, 이삭, 야곱, 다윗, 다니엘 등 성전이 없거나 파괴된 시대에 그들은 각자의 처소에서 하나님께 제사 드리고, 간절히 기도했다. 성경에 실명으로 다 나와 있다.

다니엘은 하루 세 번 예루살렘으로 향한 창문을 열고 무릎을 꿇고 기도하며 그의 하나님께 감사했다. 내 마음에 신령과 진정으로 정성으로 예배를 드린다, 하나님 앞에 하나님의 은혜를 사모하며 신령한 세계를 바라보는 영의 눈으로 지금 예배를 드리고 있다는 심정을 가지자. 예배는 거룩하게 은혜롭게 그리고 순종하고, 감사하는 자세로 열매를 사모하는 하나님의 자녀로서 예배를 드려야 한다. 예배의 기쁨은 사랑, 감사, 헌신과 감동이 내 마음을, 내 심장이 움직이듯 움직여야 한다.

하나님이 가장 기뻐하시는 것이 예배다. 어디서 예배를 드리든지 생명을 걸고 예배를 드리자. 아브라함이 이삭을 바칠 때 그는 자신의 생명을 바친 것과 다름없었다. 코로나 시대, 교회와 예배 환경에 변화가 왔지만 이럴 때일수록 더욱 예배드리기를 사모하고, 삶속에서도 예배자로서 거룩한 존재감을 발산하자. 신령과 진정으로 드리는 예배로 신앙의 안전벨트를 단단히 매자.

하나님~,
어짜까!

 광주 수피아 여고 교목으로 있을 때, 나는 매주 시골의 교회들을 돌아다녔다. 어떻게 하면 시골 교회 전도사님, 목사님을 도울 수 있을까? 하는 마음에서였다.

 우리 학교 제자들이 간호사가 되어 외국으로 나갈 때 나에게 꼭 기도해 달라고 청한다. 그러면 나는 기도해준 후에 제자들에게 이런 부탁을 했다. 미국이나 독일로 간호사로 나가서 일하면 받는 급여 중에 10분의 1은 본 교회에 내고, 10분의 1은 한국의 어려운 농촌 교회를 도우라는 내용이었다. 그래서 내가 시골을 다니다가 어려운 교회를 발견하면 그 제자들과 연결해서 물질적으로 돕게 했다. 그렇게 해서 무려 270개 교회를 도왔다.

어느 시골 교회에서 만난 할머니의 이야기이다. 예배 시간인지 아닌지, 할머니 한 분이 전라도 사투리로 "하나님~, 어짜까?" 하고 큰소리로 부르짖고 계셨다. 왜 저렇게 기도하실까? 참 특이하다고 생각했던 나는 문을 두드려 물어보았다. 그 교회는 시무하는 전도사님이 안 계신 지 6개월이었다. 그래서 할머니 한 분이 혼자 기도하고 계셨던 것이다. 그래서 내가 그 교회 예배를 도와드렸다. 이분이 4개월 동안 매일 기도하면서 주일마다 28명을 전도하셨다. 이분은 후에 명예 권사가 되시고 돌아가셨다.

"하나님~, 어짜까!" 하고 부르짖던 할머니의 기도를 응답하신 하나님은 우리 기도도 다 들어 주신다. 기도하는 사람은 주님의 음성을 듣는 기쁨이 있다. 세미한 음성을 듣는다. 크게 기도할 수도 있고, 조용히 기도할 수도 있다. 그때 하나님의 음성이 들리고, 비전을 주신다. 우리가 꿈을 갖지만 이뤄주시는 분은 하나님이시다. 교회와 가정을 위해 간절히 기도하면, 그렇게 하라는 음성을 들려주신다.

오바마가 대통령이 될 때 흑인이라 미국 내에 거부감이 많았다. 그러나 오바마 대통령은 "Yes I can. Yes We can(나도 할 수 있다. 우리도 할 수 있다.)" 하면서 지지를 이끌어냈고 당선되었다. 우리도 이런 자세로 기도하자. 기도하면 교회는 전도할 수 있고, 충성된 증인이 되는 길이 열릴 수 있다. 요즘 우리의 기도와 간구가 많이 약해져 있다. 다시 하나님 앞에 나가서 기도의 줄을 단단히 붙잡자.

잊을 수 없는 두 사람

사람은 한평생 사는 동안 수없이 많은 사람을 만나게 된다. 그중에는 잊어버린 사람도 있고 가끔 생각나는 사람도 있고 영원히 잊을 수 없는 사람도 있다. 오늘 소개하는 두 사람은 영원히 잊을 수 없는 사람, 내가 지금까지 사랑하며 기도하고 있는 사람들이다.

첫 번째 사람은 일찍 아버지와 사별하고 홀로 계시는 어머니와 어린 여러 동생들을 데리고 생활하는 가정의 소녀이다. 그 소녀는 동생들의 학비를 벌기 위해 가정부 생활을 시작하였다. 예수를 모르던 소녀였는데 일하려는 집에 들어가서 살면서 주인과 함께 교회에 나가게 되었고, 예수를 구주로 영접한 후에 고향에 있는 사람들의 영혼을 위해 기도하면서 고향 마을에 교회를 세우기 위해 적금을 붓기 시작했다. 8년 동안 저금을 하면서 기도하던 중 그 마을에 교회가 개척된다는 소식을 들었다. 그 소식을 들었을 때 소녀는 자라서 24세였는데, 적금을 찾은 돈 130여 만 원을 들고 수피아여고 교목으로 지내던 나를 찾아왔다. 나는 그 돈으로 마을 입구에 좋은 땅을 구입하여 교회와 사택을 세웠다.

두 번째 사람은 서울 모 교회 관리집사로 일하고 계시는 분인데, 고향에 교회가 세워지기를 간절히 기도하면서 월급에서 조금씩 떼어 적금을 들어 돈을 모았다고 한다. 나는 주일이면 그 관리집사의 고향에 가서 교회 개척을 원하는 분들과 예배를 드렸다. 그러던 중 30여 명이 모이게 되어 가정집에서는 모일 수가 없게 되었다. 또 내가 수피아여고 교목으로 있으면서 농어촌 선교 활동을 하던 때라 계속 그곳에 다닐 수가 없어 목사님을 모시게 하고 교회도 짓도록 권했다. 입당예배 때 서울의 관리집사님이 고향 교회를 위해 450만 원의 헌금을 보내왔다고 하는 말을 듣고 모든 분들이 감격의 눈물을 흘렸다.

두 사람 모두 성경에 나오는 과부의 엽전 두 렙돈과 같은 헌금을 드렸다. 그들이 드린 헌금은 하나님께 영광 돌리는 일에 귀하게 쓰여졌다.

얼마나 귀한 믿음의 사람들인가. 도시 교회 성도들에게 이들처럼 고향과 고향 교회를 생각하고 고향에 남아 있는 사람들의 영혼을 살려야겠다는 간절한 마음이 있다면 한국 농어촌 교회는 걱정할 것이 없을 것이다.

이렇게 귀한 일꾼들을 나는 누구보다도 잊을 수가 없다.

'아멘'과
'그려'

나는 오래전, 산간벽지의 한 농촌 교회에서 몇 명 안 되는 노인들에게 주일설교를 전했던 경험이 있다. 기도로 준비한 원고를 중심으로 최선을 다해 설교했는데, 그들은 나의 평상시 언어조차 제대로 이해할 수 없다는 눈치였다. 아무런 반응 없이 내 얼굴만 멍하니 바라보았다. 그때 나는 설교자들이 흔히 겪는 허탈감을 느꼈고, 하는 수 없이 여러 가지 궁리를 했다. 다음 주일부터 나는 그들이 쓰는 농촌의 생활용어를 사용하여 예화 중심의 설교를 했다. 그들은 고개를

끄덕이기 시작했고, 가끔씩 마음에 부딪치는 대목에서 '그려, 그려' 하는 것이었다. '아멘'을 대신하여 '그려' 하는 표현이 우습게 느껴져서 몇 번씩 교정해 주려고 노력했다.

"할머니, '그려' 하지 말고 '아멘' 하십시오." 그들은 몇 차례 '아멘'을 반복하다가 시간이 좀 지나면 다시 '그려, 그려' 했다. 가장 기본적인 '아멘'조차도 기억해 내지 못하는 할머니들을 대하면서 답답한 마음을 가누기 힘들었다. 그들을 지적하고 탓하는 나 자신이 무척 무능하고 초라해 보이기까지 했다. 농촌 생활 속에서 가장 편하게 사용하는 말이 '그려'인데, '아멘'을 강조하는 나의 요구에 그들은 오히려 나를 원망했을지도 모른다.

그 일을 계기로 나는 농어촌 교회의 현실을 이해하기 시작했다. 오늘날 농어촌 교회의 성도들은 대부분 노인들뿐이다. 그곳에서 목회하는 분들이 겪는 고충은 이루 헤아릴 수 없겠지만, 그들에게는 우선 자기들이 배운 고상한 신학적 지식과 학문을 어떻게 농촌화시킬 것인지가 가장 큰 어려움일 것이다. 아마도 목회 현장에서 예수 그리스도의 성육신에 대한 참된 의미를 몸으로 가장 잘 체험하는 사람들이 농어촌 목회자들일 것이다. 그 후 나는 농어촌 교회에서 목회하는 동역자들을 만날 때마다 더욱 겸허한 자세로 대하며 존경하는 마음을 갖게 되었다.

'아멘'을 '그려'로 대치하는 표현이 신학적으로 문제시 될는지 몰라도, 나는 그들의 순수한 모습을 이해할 수 있었다.

사랑과 채찍

어디를 가든지 목회의 현장에는 가시 달린 성도가 있는가 보다. 그들은 모든 목회 일정에 사사건건 간섭하며 흠집을 내려 한다. 또한 오랜 시간 동안 기도하며 준비해 온 교회 프로그램을 한순간에 부정하거나 비난하기도 한다. 많이 숙고한 후 합리적인 방법으로 반대하는 것이 아니라 무지와 순간적인 감정으로 반대하기 때문에 그들과 부딪치면 앞이 캄캄하다.

나와 가까이 지내는 Y교회 목사님은 시골에서 300명 넘는 출석교인들을 훌륭하게 섬기시는 분이다. 그런데 어느 날 그분이 화병으로 드러누웠다는 소식을 들었다. 내가 찾아가 보았을 때는, 혈압이 높아져 위험한 상태였다.

이유인즉, 그 교회의 당회에는 여섯 명의 장로님이 있는데, 두 명이 70세가 되어 정년 은퇴를 할 때가 되었다. 그러나 그들은 아직 건강하다는 이유로 은퇴를 필사적으로 거부했다. 법을 무시하고 계속 시무하겠다는 두 분 장로님들과 순리대로 은퇴하라는 목사님의 주장이 팽팽하게 부딪쳐 오랫동안 다툼이 있었다는 것이다. 결국 목사님이 굴복하고 말았는데, 그 결과로 화병이 생겼다고 한다.

우리는 조용히 이야기를 나누었다. 목사님은 한때 치리까지 생각하고 고심해 왔다기에, 나는 나의 목회철학을 소신껏 이야기했다. "법에는 어긋나지만 일단 사랑해 버려라. 미울수록 채찍보다는 사랑이 필요하다." 우리는 헤어졌고, 먼 훗날 들은 얘기지만 70세 넘은 두 분 장로님은 목사님을 잘 보좌하고 있으며, 교회가 평화롭다고 한다.

나는 그동안 목회하는 가운데 모든 이들의 허물을 일단 감싸는 것을 목회철학으로 삼아왔다. 정당한 경우라 할지라도 채찍을 쓰면 유익보다는 손실이 더하기 때문이다. '미운 자식 떡 하나 더 준다'는 식으로, 가시 노릇 하는 성도들을 마음으로 감싸고 사랑으로 덮을 때, 문제는 간단해진다.

반대로 마음에 들고 사랑스런 성도들에게는 채찍을 들어 야단칠 수도 있다. 사랑하기 때문에 매를 들어야 하고, 미운 자식이기에 사랑해야 하는 역설적 삶을 살 때가 있다. 이 둘을 지혜롭게 병행할 때 목회는 더욱 아름다워지리라 생각한다.

아끼고
사랑하는
마음

몇 해 전 외국 여행에서 얻은 경험이다. 바쁜 일이 있어 택시를 타고 도시 부근 농촌 지역을 달리게 됐다. 그런데 빠르게 달리던 택시가 갑자기 속도를 줄이는 듯 싶더니 운전기사가 차를 멈추고 옆자리 통역자에게 무엇인가 속삭인 후 차를 돌려 다른 길로 가는 것이었다.

통역자는 후에 설명하기를, 차가 멈추었던 곳 근처에 대주교의 거처가 있는데, 작가로도 유명한 대주교는 그 시간쯤에 늘 원고를 집필한다고 한다. 그래서 그곳 주민이며 성도이기도 한 운전기사는 주교의 명상과 저술 활동에 방해가 될까 하여 먼 길로 돌아가자는 양해를 구했다는 것이다.

이 이야기에 잠시 어리둥절했던 나는 성직자를 아끼고 사랑하는 사회의 한 단면을 본 듯했고 목회자의 한 사람으로서 낯모르는 주교가 부럽기까지 했다.

성직(聖職)이 직업화되고 순수했던 목회자와 성도의 관계가 위기에 처한 오늘날에는 참으로 찾아보기 어려운 모습이 아닐 수 없다. 물론 이러한 현상은 어느 한 편의 책임만을 물을 수 없는 일이다. 주교가 주위 사람들에게 존경과 사랑을 받기에 앞서 얼마나 그들을 아끼고 사랑했겠는가!

동역자들을 만나면 자주 화제로 삼는 것이 '누구는 목회에 성공했고, 누구는 목회에 실패했다'는 이야기이다. 목회의 성패를 그리 쉽사리 판가름할 수 있는지 어안이 벙벙할 뿐이다. 농어촌 목회 가운데서도 미자립교회에서의 목회를 실패로 치부하는 모습을 본다. 그래서 패배감에 빠진 목회자들 가운데는 사역지를 자주 옮기며 도시 목회를 지향하기도 하는데, 이러한 현실도 이해할 만하다.

언젠가부터 우리 주변에 뿌리내린 이런 풍토는 참으로 성경의 목양지침에 위배되는 것이다. 도시에서 목회하는 입장에서 이런 말을 할 자격이 없을지는 몰라도 사역자라면 도시든 농어촌이든 주어진 양무리를 내 몸처럼 아끼고 사랑하면 될 것이다.

이제 우리는 생각을 바꾸고 돌아서야 한다. 도시와 농어촌 목회자들이 서로 아끼고 사랑해야 함은 물론 각자의 목양지에서 성도들을 내 몸처럼 아낄 때이다. 그래서 목회자들이야말로 진정 그 지역사회에서 가장 사랑받고 존경받는 대상으로 다시 한 번 거듭나기를 기대해 본다.

마지막 순간들

교회가 크든지 작든지 간에 교인이 세상을 떠나면, 담당목회자는 임종예배를 비롯하여 모든 장례 절차를 주도한다.

나는 지금까지 셀 수 없을 만큼 많은 성도들을 떠나보내며 죽음에 임하는 사람들의 마지막 순간을 지켜보았다. 가장 가까이에서 함께 어울려 신앙생활 하다가 생을 달리하는 사람들 앞에 서게 되면 언제나 나의 마음은 숙연해진다.

나이 많은 사람들은 대부분 조용하게 인생을 마치는

데, 아직 젊은 나이에 몹쓸병으로 죽어가는 이들은 여러 가지 모습으로 마지막 순간을 맞이한다.

나는 어느 날 평소에 잘 알고 지냈던 K장로님이 입원해 있다는 소식을 듣고 J병원에 방문한 적이 있었다. 병실에 들렀을 때, 그는 급성 위암으로 사경을 헤매고 있었으며, 가족들은 충격으로 넋이 나간 모습이었다.

그는 나이 40대 후반으로 교회와 사회에서 한창 일할 시기였다. 나는 장로님의 손을 잡고 간절히 기도했다. "생사화복을 주관하는 하나님…" 기도를 마친 후 장로님의 얼굴을 쳐다보았을 때, 그는 힘겹게 입을 열었다. "목사님, 사람은 모두 가는 건데, 내가 좀 빨리 가는 것뿐이지요. 하나님 나라에는 이런 병이 없겠지요." 그가 나에게 들려준 마지막 말이었다.

그는 생의 마지막을 직감하고 지나온 날들을 정리하는 듯했다. 그는 주위 사람들보다도 오히려 차분했고 담담해 보였다. 그 후 며칠이 지나 K장로님은 세상을 떠났다. 그의 장례식을 지켜보면서 나는 그가 마지막 순간에 남긴 말을 되새겨 보았다. 그는 참으로 하늘

나라에 입국했으리라! 그는 가족들에게 다시 만나자는 위로의 말들을 남기며 떠났다고 한다. 그의 마지막 순간은 지금까지 인상 깊은 죽음으로 남아 있다.

평소에는 신앙생활을 잘 하다가도 마지막 죽을 때 어처구니 없는 모습을 보이며 가는 사람들이 얼마나 많은지 모른다. 어떤 이는 죽음이라는 현실을 외면한 채 억울함을 노출하며 하나님을 원망하기까지 한다.

나는 경건한 사람과 불경스런 사람의 마지막 순간이 판이하다는 것을 깨달았다. 이것은 나의 목회 생활 가운데 수많은 임종을 지켜보며 얻은 하나의 지혜이기도 하다. 나는 목사로서 가장 아름다운 마지막 모습을 보이며 입천(入天)하고 싶다.

동질성

몇 달 전에 우리와 신앙의 배를 함께 타고 가던 어느 집사님의 장례식이 있었다. 평소에 적극적이고 활기찬 삶을 살던 분이라 갑자기 운명을 달리한 그분으로 인해 우리 모두는 삶에 대해 생각하게 되었다.

장례식 후 하루가 지난 다음날 교인들과 함께 심방을 하는데, 어느 집사님이 어제 장지에서 먹은 도시락 이야기를 했다. 우리 교인들이 먹기에는 좋았는데 목사님들 드시기에는 좀 미안한 생각이 들었다고 한다.

그 말을 들은 나는 왠지 모르게 슬픈 생각이 들었다. 물론 그 집사님은 목사들을 생각해서 한 말이었지만 그래도 내 마음은 허전했다. 그 도시락은 외식 사업을 하는 곳에서 주문을 했기 때문에 반찬이 풍성해 먹고 남은 음식 쓰레기도 많이 나왔다. 그런데도 목사들 먹기에는 넉넉하지 못했다는 말은 교인들과 동질성을 갖기를 원하는 나로서는 마음이 서글퍼졌다.

물론 성도는 목사들을 우대해야 한다. 존경해야 한다. 그래야 그들의 신앙생활에 도움이 되기 때문이다. 성도가 목사를 우습게 생각하고 업신여기면 영적으로 손해가 많다. 이런 의미에서 성도는 목사들을 우대하고 존경해야 한다. 그러나 이 우대는 인간적인 차별이 아니라 영적인 면에서 이루어져야 한다. 그래야 아름다운 관계가 형성되는 것이다.

사람은 누구나 똑같다. 그러므로 인간적인 면에서의 차별은 금물이라고 생각한다. 더군다나 음식에 대한 차별은 목사와 성도 사이에 거리감만 생기게 한다.

나는 성도들에게 더 가까이 다가서는 목사가 되고

싶다. 슬픔과 아픔과 고통을 함께 나누는 목사가 되고 싶은 것이다. 그렇게 하려면 동질성이 있어야 한다. '교인인 당신들이나 목사인 나나 다 똑같은 인간'이라는 것을 성도들이 느낄 때 목사에게 다가올 수 있다.

그러므로 성도나 목사나 다 같은 인간임을 보여주고 싶다. 슬픔과 아픔과 눈물이 있음을 보여주고 싶다. 우리 모두는 다 같은 인간임을 알리고 싶다. 하나님 앞에서 다 죄인이요, 용서받은 인간임을 알리고 싶다.

목사는 신이 아니다. 천사가 아니다. 성인도 아니다. 단지 하나님의 일을 맡아서 하는 청지기, 즉 머슴일 뿐이다. 그러므로 성도나 목사는 다 같은 하나님의 종이요, 자녀이다.

우리는 각각 다른 부류의 사람이 아니라 다 같은 그리스도인이다.

회상

 나이가 들어갈수록 그리워지는 것이 친구인가 싶다. 언젠가부터 나는 가끔 고향의 하늘을 바라본다. 그럴 때마다 어릴 적 소꿉놀이하던 친구들이 뭉게구름 사이로 얼굴을 내밀고 미소 지으며 지나간다. 달려가서 악수라도 하고 싶어진다. 내 마음을 알기라도 하듯 친구를 닮은 구름은 때로는 오랫동안 지체하며 옛이야기를 속삭이기도 한다.

이제 나는 가끔 자투리 시간의 여유가 있을 때마다 옛날의 입맛이 생각나듯 친구들을 그려보며 즐거운 상념에 잠긴다. 보고 싶은 사람들이 한둘이 아니다. 한참 동안 안부를 묻다 보면 식사 시간을 놓치는 경우도 있다. 어쩌다 하나둘씩 주마등처럼 눈앞에 아른거리며 그리운 친구들이 지나간다.

보고 싶다. 한걸음에 달려가고 싶다. 그 옛날 고향 산천의 아름다운 이야기로 하늘을 수놓고 싶다. 밤새워 그날을 노래하고 싶다. 그런데 어떤 친구는 한번도 나타나지를 않는다. 무척이나 바쁜 모양이다. 그럴 때면 야속하기도 하다. 궁금증은 꼬리를 물고 산 너머 바닷가로 흘러간다. 그래, 다들 마음놓고 편히 쉬어 볼 시간이 언제 있겠는가 하고 자위해 보기도 한다.

사실 모두가 주어진 일에 파묻혀 친구를 생각할 시간이 여의치 못하지 않은가. 아마 모두가 자식 키우고 손자 손녀 돌보는 일에 여유를 잃어버리고 사는 모양이다.

그러던 어느 날, 어쩌다가 그동안 한 번도 소식이 없던 친구가 바람을 타고 소식을 전해 온다. 세상을 떠났다는 소식이다. 이것을 마지막으로 구름은 지나가고 친구도 간다. 이것이 인생인가? 야속하고 부질없는 것이 인생인가? 나도 언젠가 한 줄기 소식으로 남겨진 안부가 될 것이다. 친구들 가슴에 향수가 되어 세상을 정리할 것이라고 생각하니 저절로 눈에 물이 고인다. 그리움이 더욱 밀물처럼 달려든다.

이내 승용차를 몰고 고향으로 향한다. 가는 길가마다 초등학교 시절 꿈을 함께 나누며 변하지 말자고 약속하며 반지를 만들었던 토끼풀 꽃이 피어 있다. 담쟁이 잎사귀로 제기를 만들어 차며 흘리던 땀방울이 하늘에서 장대비로 쏟아진다.

저 멀리 친구들과 어울려 딱지를 치고, 여자아이들은 어울려 고무줄 놀이하던 동리 앞 언덕이 이제는 자취를 감추고 없다. 그 자리에는 덩그러니 큰 농협 창고가 하품을 하고 있을 뿐이다. 그런데 웬일인지 단숨에 달려온 고향 하늘엔 정작 보여야 할 친구들의 얼굴이 하나도 없다. 다들 바쁘다고 갈 길로 가버린 모양이다.

잠시 언덕길에 올라 풀을 뜯으며 속삭여 본다. 그때 송아지 한 마리가 어미 소를 따라 기분 좋게 길 아래로 지나간다. 송아지의 즐거운 울음소리에 묻어 검게 그을리고, 주름 가득한 얼굴이 고삐에 끌려 다가온다. 자세히 보니 그도 저녁 하늘을 바라보며 가까이 온다. 다름 아닌 친구 동현이가 지친 모습으로 어깨에 삽을 메고 살포시 웃으며 다가오고 있다.

초막이나
궁궐이나

행복의 기준이 무엇일까? 대부분의 사람들이 흔히 생각하고 있는 행복의 조건은 많은 경우에 눈에 보이는 그 어떤 것에 있다. 다른 사람들에게는 없는 것을 소유하거나 다른 사람들보다 얼마나 더 많이 소유하고 사느냐 하는 것이 행복의 척도가 되고 있다.

그러나 행복의 척도가 소유에 있다면 우리 가운데 행복한 사람이 얼마나 될까? 아마 모르긴 몰라도 필자인 나부터도 그리고 대부분의 사람도, 행복이라는 두 글자와는 먼 삶을 살아가고 있는 사람들일 것이다.

나는 새해를 맞이하여 시작된 정기 대심방을 하던 중 어느 집사님 댁을 가게 되었다. 혼자의 몸으로는 매주일 교회에 나오실 수 없기에 가끔씩 교우들의 도움을 받거나 아니면 자녀들의 등에 업혀 주의 몸 된 교회에 오셔서 기쁨과 감사로 하나님께 예배드리는 모습은 보았지만 직접 가정을 심방하여 만나 뵙는 것은 처음이었다.

담당 심방 권사님들과 집사님들의 인도를 받아 댁에 도착했을 때 나는 깜짝 놀라지 않을 수 없었다. 도시의 아파트 입구 바로 곁 너무나도 허름한 곳, 언뜻 보아도 버려진 창고와 같은 곳을 거처로 사용하고 계셨기 때문이었다. 집에 들어서는 순간 대낮임에도 불구하고 전깃불을 켜지 않고는 한 치 앞도 볼 수 없었고, 고개를 숙이지 않고는 안방으로 들어갈 수 없었다. 방으로 들어가는 입구에 부엌 살림이 있었고, 방에 들어가 보니 안방으로 쓰고 계시는 방은 두 개로 나뉘어 있었다. 방 하나는 한 사람이 눕기에도 비좁았고 다른 방 하나는 약간 넓었다.

몸이 불편해서 전혀 움직이지 못하시는 집사님은 예배의 시작부터 끝나는 시간까지 웃음을 잃지 않고 기쁨으로 찬송하시며, 말씀을 받는 시간과 간절히 기도하는 시간에는 '아-멘 아-멘' 하면서 하나님께 감사와 기쁨으로 예배를 드리셨다.

예배 후에, 자신은 비록 가진 것도 없고 육신의 몸은 병들어 제대로 움직이지 못하지만 하루하루를 기쁨과 믿음으로 살아가고자 애쓰신다는 집사님의 신앙 고백을 잠깐 들으면서 나는 마음속 깊이 감동을 받았다.

바로 이 집사님이 우리 모두가 찾고 있는 참된 행복의 주소를 찾도록 몸소 가르쳐 주고 계시는 분임을 깨달았다. 집사님의 마음속 깊은 곳에서부터 얼굴을 통하여 흘러나오던 행복한 웃음을 나는 지금도 잊을 수 없다.

그렇다. 참된 행복이란 초막이냐 궁궐이냐가 문제 되지 않는다. 지금 어떤 마음 자세로 자신에게 부여된 삶을 살아가고 있느냐 하는 것이 문제이다.

투(two)

요즘 독감에 걸려 병원에 다니고 있다. 병원 옆을 지날 때마다 내 눈에 들어오는 물건이 있다. 그것은 현대에서 나온 '포터 투 일렉트로닉'이라는 자동차이다.

병원 옆에 자동차 영업소가 있기 때문이기도 하지만 그 자동차에 관심이 있기 때문이다. 관심을 갖게 된 이유는 그 자동차가 '투'(two)이기 때문이다. 포터 투는 포터 원보다 훨씬 멋있게 그리고 친환경적이고 미래지향적인 전기차로 만들어졌다. 첫 번째 자동차의 부족함을 발견하고 그 부분을 보충해서 만들었기 때문이다.

인간도 마찬가지이다. 첫 번째 인간을 우리는 아담이라고 부른다. 아담은 하나님이 만드신 피조물 중에서 최고의 걸작품이다. 그러한 아담이 하나님을 배신하고 마귀의 친구가 되어, 아니 마귀의 종이 되어 이 세상에 고통과 죽음을 가져다 주는 통로가 되었다.

요즘 세상을 바라보노라면 아담의 실수가 얼마나 큰 것이었는지를 새삼 느끼게 된다. 얼마 전에 아이가 백혈병으로 죽어가는 광경을 보며 안타까워하는 아이의 부모를 보았다. 나의 마음도 고통으로 가득 했다. 자식을 가진 같은 부모의 입장이기 때문이다. 이 아이와 부모만이 아니라 이 세상에는 수많은 사람들이 고통에 시달리고 있다. 그 원인은 첫 번째 사람인 아담의 실수 때문이다.

아담의 실수로 비참한 세상에 살고 있는 인간들에게 희망의 '투'(two), 두 번째 인간이 오셨다. 이 인간을 성경은 예수라고 부른다. 이 두 번째 인간인 예수가 이 세상에 오셔서 생명과 치유를 행사하셨고 지금도 행사하고 계신다. 따라서 지상에 세워진 교회를 통하여 오늘날의 이 고통과 죽음의 세상에서 교회가 해야 할 일은 생명과 치유이다.

그런데 우리에게는 반성해야 할 것이 많다. 과연 교회가 생명과 치유에 얼마나 많은 업적을 남기고 있는지를 반성해야 한다. 교회가 많을수록 사회는 치유되고 생명의 역사가 더 강해야 하는데 오늘날의 한국 땅은 그 반대다. 우리는 정신을 차려야 한다. 첫 번째 아담의 실수를 되풀이해서는 안 된다. 우리는 두 번째 인간인 예수의 제자이기 때문에 더욱이 실수를 해서는 안 된다.

그러면 이 세상의 치유와 생명의 역사는 어떻게 할 때에 가능한가? 내가 죽을 때 가능하다. 첫 번째 인간은 살리고 하다가 실패했지만 두 번째 인간은 죽었기 때문에 치유와 생명의 역사가 일어났다. 너와 내가 죽고 희생할 때 이 사회는 치유되고 생명이 꽃필 것이다.

'투'가 좋은 이유는 첫 번째의 실수를 하지 않기 때문이다.

하나님의
크신
사랑

"사랑은 여기 있으니 우리가 하나님을 사랑한 것이 아니요 하나님이 우리를 사랑하사 우리 죄를 속하기 위하여 화목 제물로 그 아들을 보내셨음이라"(요일 4:10). 이 말씀은 하나님의 크신 사랑에 대해 말하고 있다.

우리는 하나님의 거룩하신 사랑을 믿는다. 하나님의 크신 사랑을 믿는다. 하나님께서 크신 사랑으로 우리를 행복한 길로 인도해 주실 것을 믿는다. 그렇지만 무지한 인간들은 하나님의 사랑의 품을 떠나 불순종하고 고집하다가 매를 맞고 울면서 고통당하고 있다.

하나님의 크신 사랑은 소망의 힘이 넘치는 사랑이다. 하나님 아버지께서 주신 사랑은 우리를 천국으로 인도해 주시는 사랑이다. 우리를 죄인의 자리에 앉아 있게 내버려 두시지 않고 높고도 거룩한 자리로 끌어올리시는 사랑이다. 이 땅에 사는 동안만 사랑하시는 것이 아니라 천국까지 연결시켜 주시는 소망이 넘치는 사랑임을 믿기 바란다. 하나님은 우리를 영생에 이르도록 사랑해 주신다.

이 땅에는 물질보다 사랑을 못 받아 울고 있는 사람이 너무나도 많다. 어린이, 청소년, 주부들, 연세 높으신 어르신들 모두가 소망이 넘치는 사랑을 받지 못해 사랑 결핍증에 걸려 있음을 기억하기 바란다.

도산 안창호 선생님은 이런 말을 남겼다.

"2천만 동포여, 서로 사랑하기를 공부하자. 그래서 우리 모두 사랑하는 민족이 되자."

하나님의 크신 사랑은 희생의 깊이를 보여주신 사랑이다. 하나님의 사랑은 독생자 예수 그리스도를 십자가에서 죽기까지 내어주신 사랑이다. 예수 그리스도의 희생을 통하여 사랑의 깊이를 보여주셨다.

중세시대 유명한 수도사가 '하나님의 사랑'이라는 제목으로 설교할 때 무언으로 촛불을 켜들고 십자가상의 주님의 성체를 비추면서 못 자국, 창 자국에서 흐르는 피의 흔적을 보여주었다고 한다. 그럴 때 거기 모인 성도들이 눈물을 흘리면서, 희생으로 사랑의 깊이를 보여주신 주님을 바라보면서 헌신을 다짐했다고 하는 예화가 있다.

하나님의 크신 사랑은 영원 무궁함을 보여주신 사랑이다. 하나님 아버지께서는 우리를 일시적으로 사랑하신 것이 아니라 영원토록 사랑하실 것을 보여주셨다.

하나님의 영원 무궁하신 사랑을 거절하지 말고 그 큰 사랑을 영원토록 받을 수 있는 믿음을 잘 관리해 가기 바란다.

베드로 사도나 바울 사도 등은 모두 영원 무궁한 사랑을 마음 깊이 간직하고 주만 위해 헌신의 삶을 살았던 종들이다. 우리도 영원 무궁한 사랑을 마음속 깊이 간직하자.

포 스 트
코 로 나
시 대

제2부

웃으며 사는 사람들

하나님은 천지 만물을 창조하시고 "좋았더라"고 거듭 말씀하시면서 만족하시고 기뻐하셨다. 사람들을 창조하시고 "심히 좋았더라"고 말씀하셨다. 이처럼 하나님은 우리에게 기쁨을 주시고 기쁨으로 살기를 기대하고 계심을 알 수 있다.

잊을 수 없는 여인

참으로 기쁜 일이다. 얼마 전 미국 장로교 총회에서 기쁜 소식이 왔다. 내가 한국인으로서는 처음으로 미국 장로교 총회에서 감사패를 받게 된다는 것이다. 이 소식을 접한 나는 부끄러운 일이지만 몸 둘 바를 모를 만큼 큰 기쁨과 감사를 하지 않을 수 없었다. 부족한 나에게 오늘이 있기까지 사랑과 기도를 아끼지 않고 세심한 배려를 해주었던 유화례(Florence E. Root) 선교사의 은혜를 생각했기 때문이다. 그녀는 103세의 일기로 세상을 떠나기까지 나를 위해

한시도 기도를 쉬지 않은 영의 어머니였다.

그녀는 3년 전 영원한 천국 아파트에 입주하시기까지 한국 선교를 위해 온몸과 마음을 다 바쳐 한국을 사랑하고 주님을 사랑하신 복음의 편지였다. 그녀가 떠나고 없는 이 땅에는 그녀의 헌신적인 사랑과 관심으로 수많은 목회자가 배출되었고, 수많은 전도자들이 삶의 현장에서 교회와 국가를 위해 훌륭한 일꾼으로 성장했다.

수피아여학교를 통해 그녀는 학원 선교를 했고, 한국 전쟁의 와중에서도 귀국하지 않고 고난받는 백성의 어머니로서 복음을 들고 농촌이나 산간 마을을 가리지 않고 곳곳을 누비셨다. 그리스도의 사랑을 실천한 그녀의 삶은 피보다 진한 빛깔이었고 눈물보다 더한 사랑이었다.

아! 그 은혜를 누군들 잊을 수 있으며, 아! 그 사랑을 누군들 저버릴 수 있단 말인가! 그러기에 부족한 나는 펜을 들어 그녀를 흠모하였고 그녀의 삶의 흔적을 기록하였다. 은혜를 입은 나로서는 당연히 해야 할 일이었다. 많은 사람들이 이 일을 아껴 주었고 격려를 해주었다. 급기야 이 일은 나로 하여금 오늘날 어떤 어려움 속에서도 오직 예수님만 바라보면서 목회할 수 있는 계기를 마련해 주었다. 또한 세계 선교를 위해서 일할 수 있는 결단과 기회도 주었다.

나는 목회하면서 수많은 갈등과 좌절을 맛볼 때마다 그녀를 생각했고, 그리스도 안에서 그녀의 헌신과 사랑과 겸손을 생각하면서 오늘까지 지내왔다. 그녀는 하나님께서 나에게 보내 주신 천사였고 값진 선물이었다. 그녀를 생각할 때마다 나는 인내할 수 있었고 예수를 찾을 수가 있었다.

그래서 나는 그녀를 사모하면서 그녀의 아름다운 선교의 흔적을 틈틈이 기록하여 《메마른 땅에 단비가 되어》라는 책을 출판하였다. 이 책은 수피아의 사람들에게 전해졌다. 그리고 그를 아는 모든 이에게 읽혀졌고 모두에게 감동의 거울이 되었다고 한다.

때마침 이 책을 읽은 한 재미교포가 자원하여 번역해 1997년 《Rain for a Parched Land》라는 제목으로 영문판이 출간되었다. 그리하여 이 책이 미국 장로교 총회에도 알려지게 되었다. 미국 장로교 총회에서는 지금까지 수많은 선교사들이 해외에 파송되었지만 피선교국에서 선교사들의 은혜에 감사하여 책을 쓴 일은 처음 있는 일이었으므로 총회 해외선교부가 많은 토론과 회의를 거쳐 나에게 감사패를 증정하기로 결정했다고 한다.

누가 감히 상상이나 할 수 있었겠는가! 누가 감사패를 받겠다고 이 일을 한단 말인가! 마땅히 해야 할 일을 한 나에게는 너무나 과분하고 감당하기 어려운 일이다. 그러나 돌이켜 생각해 보니 이것 또한 잊을 수 없는 여인, 믿음의 어머니 유화례 선교사를 통해 주신 하나님의 값진 선물이 아니고 무엇이겠는가! 나는 도무지 헤아릴 수 없는 은혜를 입고 모든 영광을 하나님과 믿음의 어머니 유화례 선교사에게 돌릴 뿐이다.

이 일은, 은혜를 모르고 살아가는 사람들이 많은 이 세상에서 은혜를 기억하고 사는 일이 얼마나 중요한지를 깨닫게 하시는 하나님의 경륜이다. 이번 일을 계기로 그동안 많은 분들에게 은혜를 입고 살아온 나로서는 다시 한 번 그 은혜를 돌아보는 귀중한 시간을 갖게 되었다. 부끄럽기 짝이 없는 나의 작은 수고로 감당할 수 없는 큰 감사패를 받게 되었으니 죄송한 마음을 가눌 길이 없다.

그러므로 나는 마음속으로 나의 생명이 다하는 그 날까지 잊을 수 없는 여인의 은혜를 마음에 간직하면서 사명을 감당하려고 한다. 나는 이 일을 남은 여생 목회를 하는 동안 교만과 방심을 제어하는 채찍으로 삼고 은혜를 아는 사람으로 살아가려고 다짐해 본다. 아! 잊을 수 없는 여인! 나의 어머니 유화례 선교사를 생각하며 그리움의 눈물을 닦는다. 보고 싶다. 영원히 내 마음에 살아 계신 어머니 유화례 선교사를….

석류알 같은 땀방울

매 주일마다 생각나는 사람이 있다. 목회를 하다 보면 생각 속에서 멀어지는 무의미한 사람이 있는가 하면 마음속 가까이에서 생각나는 사람들이 있다.

시멘트 주차장 위에서 신호봉 하나 들고 좁은 공간을 이리저리 움직이면서 주차 안내를 하는 분들이 그런 분들이다. 크고 작은 많은 차들과 씨름하며, 다양한 성격의 소유자들과 부딪치면서도 불평 없이 정리정돈을 하는 일은 여간 고생이 아니다. 교회에 신호등을

설치할 수도 없고 그렇다고 직업적인 교통 경찰도 아닌 이들이 한여름에 주차 안내를 한다는 것은 보통 사람으로서는 할 수 없는 일들이다.

사막과 같은 태양이 작열하는 시간에도 한마디 불평 없이 금방이라도 터질 것만 같은 석류알처럼 뚝뚝 떨어지는 땀방울을 옷소매로 연신 닦아 내면서 수고를 아끼지 아니하시는 그분들이야말로 위대하지 않은가? 땀은 얼굴에서만 흘러내리는 것은 아닐 것이다. 보이지 않는 구석구석에서 많은 땀이 흘러 온몸이 땀 냄새로 가득하겠지만 오히려 흘리는 땀은 향기가 되어 전달되는 것 같다.

봉사를 하다 보면 귀에 거슬리는 말을 들을 수도 있고 욕도 먹을 수 있다. 때로는 오해 아닌 오해를 살 수도 있다. 그러나 이런 것들이 봉사하는 데 장애물이 될 수는 없다. 오직 봉사하는 기쁨을 통하여 잘 적응된 인생이기 때문일 것이다.

세상에는 많은 종류의 사람들이 있다. 남에게 유익을 주지 못하면서 해를 끼치는 사람이 있는가 하면, 남에게 유익을 주면서 자기를 희생하는 사람들도 있다. 나는 이런 사람을 가리켜 인생의 위치 선정을 가장 잘 하고 있는 사람이라고 말하고 싶다.

목회하면서 수없이 많은 사람들을 만나게 된다. 그 중에서도 기억 속에 생생하게 살아 있는 사람들은 오직 봉사를 위해 이 세상을 살아가는 사람들이다. 수고의 땀방울을 흘리면서도 더위를 탓하지 않은 채 시원해 하는 사람, 자신은 더워도 타인을 시원하게 하는 사람들, 그들은 인생을 진정 행복하게 살아가는 사람들이다.

선풍기가 없어도 살 수 있는 세상, 에어컨이 없어도 더위를 모르는 세상, 바로 수고의 땀방울을 흘리면서도 남이 시원하면 나도 시원하다는 생각으로 살아가는 사람들이 내 주위에 있기에 나는 지금도 행복한 사람이라고 말하고 싶다.

나는 더위 속에서도 이웃을 위한 섬김의 땀방울을 한 방울이라도 더 흘리면서 그 기쁨을 모든 이웃에게 전하며 사는 사람을 바라보면서 한없는 기쁨을 맛볼

뿐만 아니라 인생을 살아가는 에너지를 얻는 느낌을 받는다. 수고의 땀방울이 이웃을 위한 시원한 시냇물이 되고, 시냇물이 모여서 함께 놀 수 있는 강물이 되고, 강물이 모여서 모든 사람을 포용할 수 있는 큰 바다가 된다. 큰 사랑의 땀방울을 흘려보내는 모습이야말로 이 세상에서 가장 아름다운 사랑인 것이다.

이웃을 위해 흘리는 석류알 같은 땀방울이야말로 가장 아름다운 액체가 아니겠는가! 나는 이런 사람들을 만나고 있다는 그 사실만으로도 감사하지 않을 수 없다.

지켜야
할
자연환경

     자연 보존은 모든 인류가 관심을 가지고 힘써야 할 일이며, 현대 교회의 가장 중요한 선교 과제이다. 자연환경은 하나님이 창조하시고 인간에게 관리를 맡기신 세계이다. 그러므로 자연환경은 사람이 마음대로 할 수 있는 소유물이 아니다. 인간에게는 하나님께서 창조하신 자연을 잘 보존하며 그 속에서 행복하게 살아가야 할 책임이 주어져 있다.

하나님께서 창조하신 자연은 얼마나 아름답고 귀중한 것인가! 이처럼 아름다운 자연을 우리에게 주셨지만 오늘날 우리는 역사상 유례없는 심각한 환경 위기를 맞고 있다. 우리를 둘러싸고 있는 공기와 물과 토양과 식품이 크게 오염되어 우리의 생명은 서서히 병들어 돌이킬 수 없을 정도로 파괴되어 가고 있다.

환경은 하나님이 만들어 주신 질서, 생명 세계를 말한다. 따라서 자연환경을 보존한다는 것은 곧 하나님의 창조질서 회복을 뜻하며 그렇기에 미래지향적이며 생명지향적인 것이다.

우리는 하나님이 주신 깨끗한 물과 맑은 공기와 땅을 회복할 수 있는 학문적 연구와 실천을 뒷받침해야 할 것이다. 자연 전체가 잘 관리되고 보존되어 갈 때 인간은 건강한 삶을 영위할 수 있다. 우리가 살고 있는 자연환경은 생명의 복합체이며 모든 생명체는 상호관계를 맺고 있다. 신학자 칼빈은 "하나님이 만물을 창조하고 모든 존재에 생명을 부여하고 신비로운 방법으로 모든 것을 감독, 보호, 인도하여 그가 창조하신 놀라운 세계를 아름답게 하고 있다"라고 말했다. 인간이 살아갈 터전을 가꾸고 보존하는 일은 무엇보다 우선되어야 하고, 이 일은 끊임없이 계속되어야 할 중요한 과업이다.

교회는 하나님께로부터 이 사회에서 생명 보존의 책임을 지고 생명의 존귀함을 지키는 존재로 책임을 부여받았다. 하나님이 지으신 피조물들이 고통받는 이 시점에서 방관자로 머물러 있을 수는 없다. 그러므로 우리는 시야를 넓혀 하나님께서 맡겨 주신 자연환경을 지키고 보호하는 일에 앞장서야 할 것이다. 교회는 환경 문제를 지속적인 선교의 중요한 과제로 삼아야 한다. 그리스도인은 창조질서의 보존과 회복을 위해 구체적인 행동을 실천해 나가야 할 것이다.

아름다운 자연을 보존하는 운동은 내가 먼저 시작하여 모든 인류가 함께하는 생명운동의 생활화로 이어져야 한다. 이런 일들은 국가의 제도나 법으로 가능한 것이 아니라 윤리적인 문제요, 더 나아가서 인간성의 변화가 요구되는 일이다.

앞으로는 자연환경 보존을 전담하는 교회의 조직과 아울러 환경 보존운동이 일어나야 할 것이다. 우리 국민은 1인당 GNP 3만 달러 달성을 자랑하면서 소비문화와 쾌락문화에 휩쓸렸으나 이러한 풍조는 바람직하지 못하다. 이런 문화를 죽음의 문화라고 한다면 교회는 생명의 문화를 창출하는 일에 전력해야 할 것이다.

지금은 기독교의 절제운동 활성화가 절실히 요구되는 때이다. 모든 것을 절제할 때 자연 파괴나 공해를 줄일 수 있기 때문이다. 그것이 생명운동이요, 창조보존운동인 것이다. 이제 교회는 자연환경 보존에 대한 가치관을 올바로 정립하고 모든 피조물이 하나님과 바른 관계를 맺도록 관리하고 보호하는 사명을 다해야 한다.

기독교인과 애국

우리 모두가 나라와 민족의 장래를 생각한다는 것은 매우 중요한 일이다. 지금은 나라의 암담한 현실을 보며 고민하고 민족의 미래를 염려하는 사람들이 절실히 요구되는 때이다. 정치적 혼란, 경제적인 어려움과 사회 도덕의 타락을 회복하는 것은 누구를 탓한다고 해결될 일이 아니다. 그렇다고 어느 한 사람의 힘으로 극복이 가능한 것도 아니다.

제2차 세계대전 후 맥아더 장군이 일본에서 "오늘의 문제는 경제적인 문제입니다. 더 나아가서 경제적인 문제 이전에 정치적인 문제요, 또한 정치적인 문제 이전에 도덕적인 문제요, 도덕적인 문제 이전에 신앙적인 문제입니다"라고 한 연설을 우리는 의미심장하게 되새겨야 할 것이다.

오늘의 문제를 살펴보면 근본은 역시 인간성의 문제이다. 우리나라의 고질적인 병들을 진단해 볼 때 그 뿌리는 인간성의 파괴에 있음을 쉽게 알 수 있다. 정직하지 못하고 불의하고 타락함에 따라 발생한 결과이기 때문이다. 이렇게 생각해 볼 때 그리스도인들의 사명은 더할 나위 없이 막중하다.

진정한 그리스도인은 애국애족하는 사람이어야 한다. 우리에게 하나님께서 자유로운 나라를 주시고, 이 나라를 하나님의 공의와 정의와 사랑으로 지켜 가야 할 책임을 맡기셨다. 그러므로 기독교인들은 나라와 민족이 무엇보다 소중하다는 사실을 알고 애국하는 일에 앞장서야 할 것이다.

어느 민족이 우월하다거나 내 민족만이 제일이라는 민족주의는 성경적인 것이 아니다. 기독교인들은 자기가 태어나고 몸담고 사는 조국의 발전을 위해 기도하고 나라를 사랑해야 한다고 성경은 교훈하고 있다. 기독교는 국경이 없으나 기독교인에게는 조국이 있다는 사실을 명심해야 한다.

덴마크가 독일과의 전쟁에서 대패하고 절망 가운데 있었을 때 그룬트비 목사는 민족에게 "하나님을 사랑하자. 자연을 사랑하자. 나라를 사랑하자"라고 꿈을 심어 주며 나라를 다시 일으켰다. 기독교인들은 이런 정신을 본받아 이 민족에게 하나님의 비전을 보여주어야 할 책임을 지고 있다.

진정한 애국은 하나님 앞에서 출발하는 것이다. 성경 속의 인물들을 보더라도 위대한 인물들은 경신애족(敬神愛族)했던 것을 알 수 있다. 이스라엘의 지도자 모세도 자기 백성이 금신상을 만들어 범죄하여 하나님의 진노를 받게 되었을 때 하나님 앞에 나아가 나라와 민족을 위하여 간절히 중보기도를 드렸다. 사도 바울도 "나의 형제 곧 골육의 친척을 위하여 내 자신이 저주를 받아 그리스도에게서 끊어질지라도 원하는 바로라"

(롬 9:3)고 말하며 민족을 구원하는 일에 목숨을 아끼지 않았다.

에스더는 자기 민족의 구원을 위해 '죽으면 죽으리라'는 각오를 하고 3일을 온 백성과 함께 금식하며 기도한 후에 왕에게 담대히 나아가 말하게 될 때에 자신과 민족 모두가 구원받았다.

기독교의 역사를 두고 보더라도 내세의 구원을 믿으면서 정의와 공의를 주장하는 교회는 애국자들의 마음을 끌었음을 볼 수 있다. 앞으로도 이러한 인물들이 교회의 중심세력이 되고 이러한 인물 중에서 교회의 지도자가 생긴다면 교회는 빛이 나고 역사를 변혁시켜 나가는 역사를 이루어 갈 것이다.

그리스도인이라면 나라와 민족을 사랑하는 마음으로 정치, 경제, 문화 모든 분야에서 일해 주었으면 한다. 성경은 우리에게 애국자의 삶을 살 것을 교훈하고 있다. 그리스도인들은 시대적인 막중한 사명을 가지고 빛과 소금 된 삶을 살아가며 인간성 회복의 사명을 감당해 가야 할 것이다.

웃으며
사는
사람들

사람이 웃으면서 살 수 있다는 것은 매우 행복한 일이다. 웃을 수 있는 것은 인간에게 주신 하나님의 특별한 선물이다. 사람에게 있어 웃는 얼굴이야말로 가장 아름다운 모습이다. 오래전부터 '소문만복래'(笑門萬福來)라는 말이 있는 것은 조상들 역시 웃는 일을 귀중히 여겨 왔다는 증거이다.

웃음은 온 세계 사람들에게 기쁨을 준다. 지난 여름 우리 교회의 자매 교회인 미국 랄리 제일장로교회 성도들이 우리 교회와 가정에서 15일 동안 함께 생활하는 가운데 느낀 것은, 그들에게는 항상 웃음이 깃들어 있다는 것이었다. 그들의 인상에서 언제나 서로 어색함이 없고 자연스러움을 느꼈다.

우리의 삶을 살펴보면 웃음이 부족하다는 것을 잘 알 수 있다. 그래서 나는 할 수만 있으면 웃음을 잃지 않으려고, 할 수만 있으면 마음을 기쁘게 하려고 거울을 보면서 웃는 연습을 한 적도 있다.

거리에서나 시장 등 사람이 많이 모인 곳에서 사람들의 얼굴을 유심히 살펴보면 갖가지 인상을 엿볼 수 있다. 얼굴은 잘생겼지만 마음에 무슨 근심과 불만이 가득한지 보는 이들에게 불쾌감을 주는 인상을 가진 사람들이 있다. 조금만 건드리면 금방이라도 폭발할 것 같은 냉랭한 분위기의 얼굴을 보면 불쌍한 느낌마저 든다. 웃고 사는 것이 좋을 텐데 하는 아쉬운 생각을 하게 된다.

나는 우리 교회의 성도들이나 노인대학에 다니시는 할아버지, 할머니들께 기회 있는 대로 웃으시면서 생활하도록 말씀드리곤 한다. 비록 연세가 높아져 주름

이 많이 생겼지만 항상 환히 웃는 인자한 모습에서 행복감을 맛볼 수 있기 때문이다. 또한 자녀들도 이런 부모의 모습을 본받아 웃는 마음으로 살아갈 수 있을 것이다. "웃는 낯에 침 못 뱉는다"는 말처럼 웃는 모습을 싫어할 사람은 세상에 아무도 없을 것이기 때문이다.

천진난만하게 방긋 웃는 어린이의 얼굴, 감사하는 마음으로 정중히 인사하며 웃음을 보여주는 사람들을 통해서 세상은 온통 밝게 빛나게 될 것이다. 웃음은 누구든지 자유롭게 누릴 수 있는 축복이다. 웃음이 넘치는 인생은 젊은 사람들, 부자나 지식 있는 사람들만의 것이 아니다. 웃음은 웃는 마음으로 살아가는 사람들의 것이다. 만약에 인간 생활에서 웃음이 사라진다면 세상에서 살 재미가 없어지고 말 것이다.

독일의 유명한 작가인 제임스 크뤼스의 작품인 《팔아버린 웃음》이라는 책을 읽은 적이 있다. 우리가 살아가는 현실 속에서 돈과 권력이 인간들의 행동 양식에 미치는 파괴적인 영향을 다룬 작품이다. 그 이야기를 소개하자면 이렇다. 천진난만한 소년 팀이 가난으로 말미암아 경마장에서 만난 악마에게 웃음을 팔아 버리면서 전개되는 이야기이다. 웃음을 잃고 사는 인생이 얼마나 비참하고 삭막한 것인가를 후에야 깨닫고 팔아 버린 웃음을 찾아 숱한 모험의 세계에 뛰어드는 이야기로, 우리 모두가 각성하도록 일침을 가하고 있다.

권력과 물질만능주의 사상이 팽배한 어른들의 세계를 어린 소년의 천진한 눈으로 바라보는 풍자적인 소설이다. 웃음을 상실한 현대인의 삶이 얼마나 삭막하고 비참한 것인가를 어린 팀을 통해 일깨워 준다. 이 작품을 통해 우리 입가에 번지는 미소의 의미를 깨닫게 되었다.

하나님은 인간에게 왜 웃음을 주셨을까? 이 물음에 대하여 자문자답해 볼 필요가 있다. 하나님은 천지 만물을 창조하시고 "좋았더라"고 거듭 말씀하시면서 만족하시고 기뻐하셨다. 사람들을 창조하시고 "심히 좋았더라"고 말씀하셨다. 이처럼 하나님은 우리에게 기쁨을 주시고 기쁨으로 살기를 기대하고 계심을 알 수 있다.

웃는 얼굴은 마음에 기쁨이 넘치므로 표현되는 모습이다. 성경에서 바울 사도는 빌립보 교인들을 향해서 "주 안에서 항상 기뻐하라 내가 다시 말하노니 기뻐하라"고 말씀하였다. 기뻐하라는 말을 다른 말로 표현하면 웃으며 살라는 말이다. 오늘도 하나님은 웃는 성도들을 보시면서 흐뭇해 하시리라 믿는다.

웃음은 하나님께서 우리에게 주신 선물이다. 웃음이 가득한 가정은 행복한 가정이요, 웃음이 넘치는 곳에서 생기가 솟아난다. 정신의학자들에 의하면 "어린 아이들은 하루에 500번 정도 웃는다. 반면에 어른들은 하루에 한 번 또는 일곱 번 정도 웃을 정도로 웃음을 잃어 버리고 산다"라고 지적하고 있다. 사람은 많이 웃을수록 건강하다는 것이다. 그래서 요즘은 웃음 치료까지 나오고 있다. 그러니까 사람이 태어나 성장하면서 더 많이 웃으며 살아가는 것이 좋은 일인데 그렇지 못하고 웃음을 잃어버린 존재로 살아가고 있다는 것은 서글픈 일이다. 왜 이런 현상들이 일어나는 것일까? 아마도 세상의 육신의 정욕과 이생의 자랑만을 추구하는 인생을 살아가고 있기 때문일 것이다.

지금은 경제 회복, 정치 회복, 도덕성의 회복이 시급한 때이다. 이 회복이 없고서는 우리나라의 앞날은 암담할 것이다. 그러나 인간의 삶이 아름다워지기 위해서는 웃는 마음으로 웃음을 회복하는 일이 그에 못지않게 중요하다.

무더웠던 여름을 보내고 풍성한 결실의 계절인 가을을 맞이하면서 웃음으로 가정과 교회와 사회를 아름답게 꽃피워 가는 삶을 살아가시기를 기원한다.

하나님의
일을
생각하라

위대한 설교가요, 개혁자였던 존 칼빈의 신념은 '하나님께만 영광을' 돌리는 것이었다. 그리스도인에게 있어서 하나님의 영광을 위하여 살아가는 것은 삶의 대명제이다. 그러기에 모든 믿음의 사람들은 하나님의 영광을 위하여 소명감을 가지고 일해 왔다. 자신의 이익만을 추구하던 사람들이 예수 그리스도를 믿음으로써 변화를 받아 하나님의 영광만을 위하여 일하는 자들이 되었다.

그리스도인들은 삶의 목적과 소망과 죽음까지도 주

님께 두고 살아가야 한다. 사람이 일한다고 하는 것은 보람된 것이요, 하나님의 뜻을 따라 일을 할 때 자유와 기쁨이 넘치게 된다.

가령 돌 한 개를 놓고도 같은 기술을 가진 석공 세 사람이 보는 견해는 각각 다를 수 있다. 그중에 한 사람은 임금을 생각하며 일하고, 다른 한 사람은 일하지 않을 수 없어 억지로 일한다. 그리고 나머지 한 사람은 자기 기술을 다하여 변변치 못한 돌을 가지고서라도 예배당을 짓는 일에 일익을 담당하게 된 것을 기뻐하며 일한다.

우리 그리스도인들은 세 번째 석공과 같이 하나님과 함께 일하며 그의 뜻에 맞도록 능력을 구해야 할 것이다. 작은 일을 하면서도 하나님의 영광을 생각하며 일할 수 있다면 그 사람은 복 있는 사람이다.

그런데 교인들 가운데는 무엇을 위하여 일하고 누구를 위한 생을 살아야 하는지 모르고 살아가는 분들이 있다. 우리는 현재의 삶의 위치에서 누구를 위하여 땀 흘려 일하고 있는가를 자문자답해 보았으면 한다. 사람의 비위나 맞추고 하나님의 뜻과는 전혀 관계없는 일들을 하고 있지 않는가? 하나님 중심의 신앙보다는 자신의 욕망을 위한 신앙을 가지고 삶을 살아가고 있지는 않는가? 주님의 일을 한다는 명분을 가지고 사람의 일만을 생각하며 봉사하지 말아야 한다. 가정에서나, 교회에서나, 사회에서 무슨 봉사를 하든지 하나님의 뜻을 헤아려 보면서 일했으면 한다.

하루는 예수께서 베드로의 놀라운 신앙 고백을 들은 후 제자들에게 자신의 고난과 죽으심과 부활하심에 대하여 말씀하셨다. 그때 수제자 베드로는 주님께 아뢰기를 "주여 그리 마옵소서 이 일이 결코 주께 미치지 아니하리이다"라고 했다. 그 말을 듣자마자 예수께서는 "사탄아 내 뒤로 물러가라 너는 나를 넘어지게 하는 자로다 네가 하나님의 일을 생각하지 아니하고 도리어 사람의 일을 생각하는도다"라고 책망하셨다(마 16:22-23).

하나님의 일보다 사람의 일을 생각하는 베드로를 혹독하게 꾸중하신 주님께서는 인상 깊은 말씀을 하신다. "누구든지 나를 따라오려거든 자기를 부인하고 자기 십자가를 지고 나를 따를 것이니라"(마 16:24).

주님을 따르는 생활은 주님과 같이 생활하고 주님을 위해 일하며 자신의 뜻보다 주님의 뜻을 생각하고 앞세워 가는 생활임을 가르쳐 주시는 말씀이다. 사도 바울도 "그런즉 너희가 먹든지 마시든지 무엇을 하든지 다 하나님의 영광을 위하여 하라"고 말씀했다(고전 10:31).

주님을 섬기며 하나님의 일을 하는 사람들은 자신을 철저히 부인하는 자라야 한다. 자신을 부인하지 않고서는 주님을 따라갈 수도 없고 일할 수도 없기 때문이다. 이처럼 성도는 자신에게 있는 욕심과 자기의 생각, 주장 등을 낱낱이 털어 버리고 하나님께 속해 있어야 한다. 또 한 가지는 하나님의 일을 하는 사람들은 십자가를 지는 자라야 한다. 주님의 영광을 나타내기 위해서는 주님의 십자가 고난에 동참해야 한다. 누구에게나 나름대로의 십자가가 있다. 그 십자가를 달게 지고 하나님께서 맡겨 주신 은사대로 일을 해나갈 때 하나님의 영광이 나타나게 될 것이다.

우리가 하나님의 일과 무관한 일들을 아무리 많이 이루었다 하더라도 주님 앞에서는 제로 인생이 될 수밖에 없다. 자신의 이익과 영광을 위하면서 하나님의 일을 한다는 어리석은 변명이 없었으면 한다. 무슨 일을 시작하기 전에 그 목적과 동기가 하나님을 위한 일인지 깊이 생각하고 하나님의 일을 도모하는 복된 믿음의 삶이 여러분에게 있기를 기원한다.

나는
죄인인디
의인이랍니다

우리 교회의 한 은퇴장로님은 예배 기도를 인도하실 때마다 "우리 다같이 마음을 모아 오늘이 마지막이라는 심정으로 하나님께 기도합시다" 하시고는 "하나님 아버지! 이 죄인놈들을 살려 주셔서 감히 하나님을 아버지라고 부르게 하시고 하나님 백성으로 삼아 주시니 진심으로 감사합니다"라고 기도를 시작하신다. 그는 험난한 인생 여정을 지내 오면서 한 가지 분명한 지혜를 터득하신 것이 있다고 늘 말씀하시는데, 그것은 '나는 죄인입니다'라는 고백이라고 하셨다. 참으로 아름다운 삶의 진리를 터득하신 장로님이 무척 부럽기조차 하다.

그렇다! 우리는 죄인이기를 거부하고 위선의 가면을 쓰고 남을 속일 뿐만 아니라 하나님을 속이고 자기 자신을 속일 때가 얼마나 많은가! 이 일이 자신의 영혼을 좀먹고 인생을 파멸로 이끌고 결국은 비참한 최후를 가져오는 때가 얼마나 많은가를 역사를 통해서 수없이 확인하지 않았는가!

성경의 진리는, 하나님 앞에서 인간이 죄인임을 고백하는 순간부터 구원의 감격을 맛보게 됨을 보여준다. 이것을 역설적인 사랑이라고 하며, 신앙의 불합리라고 하던가? 이런 진리를 노장로님은 예수 믿는 그 순간부터 지금까지 신앙 고백으로 삼고, 한결같이 주님만 의지하며 하나님이 주신 능력으로 험난한 세파를 헤쳐 나오셨던 것이다. 하나님께 예배하는 한 사람으로서 나는 장로님께서 "하나님 아버지! 이 죄인놈들을…" 하며 기도를 드릴 때마다 측량할 수 없는 믿음의 신비를 맛보곤 한다. 그 이유는 하나님 앞에서 죄인임을 고백하는 그 순간이 무한하신 하나님의 사랑을 감히 헤아려 볼 수 있는 가장 기쁜 순간이기 때문이다.

나는 이 기쁨을 알지 못하며 방황하는 오늘날의 이 세대를 바라보면서 안타까운 마음을 금할 길이 없다. 성경은 '노인을 멸시하지 말며 그 묵시를 경홀히 여기지 말라'는 교훈을 말씀한다. 성경 말씀 속에서 역사의 교훈을 배워야 하는데, 모두가 자기의 의로움만을 주장하며 대결과 파당의 길로 가고 있는 현실은 마음을 몹시 아프게 한다. 이러한 때에 오랜 인생을 살아오시면서 깨달은 노장로님의 신앙 고백은 한 줄기의 신령한 체험이 아닐 수가 없다.

전능하신 하나님 앞에 죄인임을 솔직히 시인하는 겸손이 나의 겸손이 되기를 바라면서 오늘도 조용히 장로님의 고백을 생각해 본다.

"나는 죄인인디 하나님은 나를 의인이라고 합디다…!"

꽃 속에
담긴
사랑

하나님께서는 수많은 꽃을 아름답게 창조하시고 인간으로 하여금 가꾸며 그 속에서 풍요한 삶을 누리도록 특별한 은혜를 주셨다. 꽃들은 형형색색으로 신비감을 더해 준다. 들꽃 하나도 아름답지 않은 것이 없다. 꽃들을 유심히 바라보노라면 하나님의 놀라운 능력을 찬양하지 않을 수 없다. 이름 모를 꽃이지만 우리의 마음을 아름답게 하며 싱그러운 분위기를 자아낸다.

꽃들은 침묵의 언어를 가지고 사랑과 평화와 꿈을

가르쳐 준다. 모든 아름다운 꽃들은 인간으로 하여금 희망과 사색에 잠기도록 만든다. 그러기에 모든 사람들이 꽃을 사랑하며 아끼는 것이다. 또한 꽃은 사랑과 정성의 상징이기도 하다. 그래서 축하할 일이 있으면 꽃을 선사함으로써 자신의 사랑과 감사를 표현하게 되는 것이다. 꽃에는 단순하면서도 무한한 사랑이 담겨져 있다. 고향을 '꽃 피는 산골'이라고 노래하는 데도 그만한 이유가 있는 것이다. 꽃은 우리의 삶의 터전에서 얼마나 정겨운 정취를 느끼게 하는지 모른다.

5월은 가정의 달이다. 어린이날을 비롯하여 어버이날, 스승의 날 등 여러 기념일들이 있다. 부모님의 은혜와 선생님의 은혜에 감사함에 있어서 꽃을 정성스럽게 준비하여 드리는 사람들이 많기에 5월을 꽃의 달이라고 말할 수도 있을 것이다. 꽃은 기쁨을 상징하기도 하므로 우리의 사랑과 정성과 감사를 꽃에 담아 드리기도 한다.

이번 스승의 날을 맞이하여 성경공부반에서 아름다운 꽃다발을 받아 참으로 감사하고 고마웠다. 그리고 그 주일에는 학생들로부터 온갖 정성을 기울여 종이로 만든 장미꽃 바구니를 예배 후 받았다. 받고 난 후 들은 이야기인데, 그 꽃바구니를 만들기 위해 새벽까지 수고하여 완성했다고 한다. 이 말을 듣고 나서 고맙기도 하고 부족한 나로서는 미안한 생각마저 들었다. 그래서 그 꽃바구니를 책상 앞에 두고 사랑과 정성에 대해서 감사하며 기대에 부끄럼이 없는 목회자의 길을 가야겠다는 생각을 새롭게 하였다.

꽃다발과 손수 만든 꽃바구니를 보며 생화와 조화의 차이를 생각해 보게 된다. 생화에는 제각기 향기가 있고 생기가 있어서 좋은 꽃이라고 생각한다. 그러므로 생화를 준비하여 정성으로 감사하는 사람들에게는 그들 나름대로의 깊은 의미가 있다. 꽃다발을 전달한 여러 사람들의 마음을 다 헤아릴 수는 없지만 그 꽃을 보면서 사랑과 정성을 피부로 느낄 수 있었다. 그래서 나는 기쁨으로 받은 것이다. 또한 조화에는 향기도 없고 생명력은 없지만 시들지도 않고 변함없는 모양을 유지할 수 있기에 조화는 조화대로 의미가 있음을 깨닫게 된다.

이처럼 모든 꽃은 다 의미가 있고 가치가 있어 좋은 것이라고 여겨진다. 생화는 자연 그대로의 향기가 있고 아름다움을 흠뻑 지니고 있어 좋은 꽃이요, 조화는 변함없는 꽃이기에 조화대로 좋다. 생화에 의미를 담아 선사하는 분이나 정성스럽게 사랑을 담은 조화나 모두가 큰 사랑이 담겨져 있음을 생각하며 한층 더 행복감을 느끼게 된다.

조화는 조화대로 좋고 생화는 생화대로 좋다. 거기에는 정이 담겨 있고 말 없는 꽃 속에 무한한 사랑이 숨겨져 있기 때문이다. 5월의 하늘은 유난히도 맑고 청순하기만 하다. 오늘, 왠지 한 포기 풀도 한 송이의 꽃도 그냥 지나쳐지지 않는 이유는 무엇일까.

오직
예수로
세계 선교를!

"오직 성령이 너희에게 임하시면 너희가 권능을 받고 예루살렘과 온 유대와 사마리아와 땅 끝까지 이르러 내 증인이 되리라 하시니라"(행 1:8).

새해를 맞아 희망차게 새 출발을 하는 성도들의 가정에 하나님의 풍성하신 은혜와 평강이 늘 함께하시기를 기원한다.

지금까지 교회를 사랑하며 기도로 협력해 주신 모든 성도들과 우리 교회에 많은 관심을 아끼지 아니하신 이웃 분들에게 이 지면을 통하여 마음 깊이 감사하며 새해 인사를 드리고자 한다.

지난 한 해는 국내외적으로 다사다난(多事多難)한 해였다. 지난해뿐 아니라 현대사회에 이르러서는 한 해도 평화로운 해가 없었던 것 같다. 이러한 현실의 저변에는 오늘날 인간들이 하나님의 사랑을 부인하고 인간의 존엄성(尊嚴性)을 무시하는 풍토가 깔려 있다고 본다. 아무리 물질적으로 풍요하고 좋은 법을 만들었다고 하더라도 그것을 사용하는 인간 자신이 병들어 있고 죄악에 매여 있다면 비참한 결과는 불 보듯 뻔한 일이다.

그러므로 세계의 문제는 물질 문제 이전에 정치적인 문제요, 정치적인 문제 이전에 인간성의 문제요, 인간성의 문제는 인간 존재 자체의 문제요, 결국 하나님의 형상이 깨졌기 때문에 생긴 문제이다. 이것은 결코 잘살고 못살고 하는 소유의 문제가 아니라고 생각한다.

교회는 인간을 변화시키는 예수의 거듭남의 능력, 복음의 능력을 가지고 있다. 그러므로 하나님의 형상(Image of God)을 회복하는 생명의 회복 운동이 시급하다. 이러한 시대적인 상황 속에서 우리 교회가 감당해야 할 막중한 사명은 예수화요, 복음화이다.

예수께서는 "모든 민족을 제자로 삼으라"고 말씀하셨다. 우리는 자신의 가족과 민족은 물론 모든 인종과 모든 문화에까지 복음의 범위를 넓혀야 한다. 우리는 빈부귀천(貧富貴賤), 교육의 유무에 관계없이 복음을 전파해야 할 것이다.

아직도 복음을 한 번도 듣지 못한 사람들과 민족에게 복음을 전해야 한다. 이것이 교회가 마땅히 해야 할 일이요, 세계가 살 길이다. 지금은 세계가 일일생활권이 되어 모든 나라가 우리의 가까운 이웃이 되었다. 그들 모두가 하나님께서 구원하기를 원하시는 이웃이다. 선교의 이 큰 사역을 성도들의 기도와 후원 없이 어떻게 감당할 수 있겠는가? 모든 성도들이 뜻과 정성과 기도를 한 곳에 모아야 할 때라고 생각한다.

우리 교회는 이전에 선교의 기틀을 마련하여 선교사 파송을 위해 기도하고 선교비를 후원하며, 효율적인 지역 선교를 위해 선교센터와 유치원, 학교를 세우는 일에 열심을 내고 있다. 이와 같은 일들은 하나님께서 기뻐하시는 일이요, 성도들의 기도와 헌금으로 이루어진 결과이다. 앞으로 더 큰 세계 선교의 비전을 가지고 우리 교회는 정진해 나갈 것이다.

아직도 복음을 한 번도 듣지 못한 인구가 얼마나 많은지 모른다. 이들을 위해 많은 개신교 선교사들이 세계 곳곳에서 복음을 전하고 잇다. 벽안의 선교사를 통해 복음을 소개받았던 우리가 지금은 선교강대국이 되었음은 하나님의 은혜가 아닐 수 없다.

또한 나는 지금까지 우리나라 농어촌 교회를 사랑하여 미력(微力)하나마 온 힘을 기울여 선교를 했다. 복음 전파는 가까운 이웃에서부터 시작해야 하기 때문이다. 주님께서도 분부하시기를 "예루살렘과 온 유대와 사마리아와 땅 끝까지 이르러 내 증인이 되리라" 하셨다. 이 말씀처럼 나의 가정, 이웃, 민족, 더 나아가서는 언어가 다르고 얼굴색이 다른 민족에게까지 복음을 전해야 한다. 이 일은 주님의 분부이기에 오늘도 우리는 선교의 발걸음을 내딛는 것이다.

올 한 해도 우리 교회 성도들은 한 사람도 빠짐없이

'오직 예수로 살고 예수로 봉사하며 예수의 복음의 능력을 받아 하나님께 기도하며 세계 선교'하는 일에 충성을 다하는 성도들이 다 되기를 간절히 바란다. 우리 주님의 크신 사랑이 어린 유치부로부터 장년에 이르기까지 충만하시기를 바라며 성도들의 가정과 모든 사업에 다함이 없는 하나님의 축복과 은혜가 넘치기를 기원한다.

가을에는
열매 맺게
하소서

가을은 오곡이 무르익고 과실나무들은 고유한 아름다운 빛을 발하며 풍성한 열매를 맺는, 기쁨과 감사의 계절이다. 삼복더위에 울창했던 숲과 나무들은 단풍이 들면서 그 잎이 한 잎 한 잎 떨어지기도 하지만 가을은 열매가 있기에 풍성한 계절이다. 열매를 맺고서 묵묵히 수확을 기다리고 있는 과실나무들은 보는 사람들에게 유난히 기쁨과 즐거움을 안겨준다. 과실나무의 아름다움은 열매를 맺고 있을 때에 있다. 이처럼 열매는 과실나무의 최상의 표현이요, 자랑이요, 농부의 최대 보람이다. 과실나무가 존재하는 가장 중요한 이유는 열매를 맺는 데 있다.

만약 잎만 무성하고 결실이 없는 가을이 되면 풍성한 계절이라고 노래할 수 없을 것이다. 예수께서 열매 없는 무화과나무를 보시고 저주하신 것처럼 과실나무의 존재 가치는 열매를 맺는 데 있다고 하겠다. 과실나무에 열매가 풍성하게 맺힐 때 농부에게 기쁨과 보람이 있다. 반드시 열매가 있어야 할 나무에 줄기와 가지만 앙상하게 있다면 생각만 해도 삭막하다. 오히려 땅만 차지하고 있는 버려지는 나무로 전락하고 말 것이 뻔한 일이다.

우리가 하나님의 거룩한 자녀로 선택받은 것도 마찬가지라고 생각한다. "너희가 나를 택한 것이 아니요 내가 너희를 택하여 세웠나니 이는 너희로 가서 열매를 맺게 하고 또 너희 열매가 항상 있게 하여 내 이름으로 아버지께 무엇을 구하든지 다 받게 하려 함이라"(요 15:16)고 하신 말씀처럼 우리에게 열매를 맺으며 살 것을 말씀하셨다. 사도 바울은 갈라디아서 5장 22-23절에서

"오직 성령의 열매는 사랑과 희락과 화평과 오래 참음과 자비와 양선과 충성과 온유와 절제"라고 말씀한다.

그뿐만 아니라 가을을 전도의 열매를 맺는 귀한 영적 계절로 삼는다면 하나님께서 얼마나 기뻐하시겠는가? 우리는 예수 그리스도의 삶을 본받아 성숙한 성도로 살아가면서 귀한 열매를 주님께 드리는 그리스도인들이 되도록 힘써야 할 것이다. 가정과 교회와 국가적으로도 행복과 부흥과 평화통일과 안정의 열매가 많이 맺히는 계절이 되기를 기대해 본다.

열매는 나무의 본질을 나타내는 특징이 있다. 즉 열매를 보고 그 나무의 어떠함을 알 수 있다(마 7:20)는 말이다. 모든 식물의 외관은 속일 수도 있다. 성경에서 비유로 말씀하신 바와 같이 가시나무는 포도송이와 매우 흡사한 작고 검은 열매를 내며, 엉겅퀴는 무화과나무의 열매와 흡사한 열매를 맺는다. 그래서 가시나무는 포도나무로 여겨질 수 있으며 엉겅퀴는 무화과나무로 오인될 수도 있다. 하지만 나무의 본질은 열매를 보면 확실하게 알 수 있다. 좋은 나무라야 아름다운 열매를 맺을 수 있고, 못된 나무는 나쁜 열매를 맺는 것이 너무도 당연한 일이다.

성도가 많은 결실을 맺을 수 있는 비결은 하나님의 말씀을 받아들이는 마음의 상태에 달려 있다. 즉 하나님의 말씀을 듣는 자세이다. 씨 뿌리는 비유를 종합해 볼 때 우리는 말씀을 듣는 자의 특징을 발견하게 된다. 그는 말씀을 깨닫는 자이고 말씀을 받아들이는 자이고 말씀을 지키는 자다. 말씀을 이해하고 말씀을 믿고 말씀에 순종하는 것은 열매를 맺는 일에 있어서 필요불가결한 것이다. "너희로 우리 주 예수 그리스도를 알기에 게으르지 않고 열매 없는 자가 되지 않게 하려니와"(벧후 1:8).

아무리 좋은 과실나무라도 계속해서 영양분이나 수분을 흡수하지 않으면 열매를 맺을 수 없다. 시편 1편 3절에 "그는 시냇가에 심은 나무가 철을 따라 열매를 맺으며 그 잎사귀가 마르지 아니함 같으니 그가 하는 모든 일이 다 형통하리로다"라고 말씀하신 것처럼 우리는 주 안에서 날마다 말씀을 공급받고 그 안에서 살아가야 열매를 맺을 수 있을 것이다. 교회에 모여서 예배하고 성령의 지배를 받으며 은혜를 공급받을 때 결실이 가능하다.

또한 포도나무 비유의 말씀에서 보는 것과 같이 쓸모없는 가지를 잘라 내야만 많은 열매를 맺는다. 잎사귀만 무성한 가지는 미리 잘라 내야 한다. 우리도 역시 하나님의 자녀로서 가지고 있는 육신의 정욕, 안목의 정욕, 이생의 자랑, 고집, 시기, 아집, 교만 등을 잘라 내야만 한다. 이 가지를 잘라 내지 않는 한 열매를 기대할 수 없는 것이다.

과실수를 심는 목적이 열매를 맺게 하려는 데 있는 것처럼, 하나님께서 우리를 부르시고 각종 은사를 주시는 목적도 성도들로 하여금 열매 맺는 삶을 살게 하려는 데 있다. 농부가 이른 봄부터 땅을 일구고 씨를 뿌리고 김을 매며 비료를 주고 벌레를 잡아 주면서 온갖 고생을 아끼지 아니하는 까닭은 열매를 바라기 때문이다.

그러므로 결실을 맺는 가을을 맞이하여 성도들이 영

적으로 아름다운 생명의 열매를 주렁주렁 맺어 주님께 드림으로써 칭찬받고 기쁨이 넘치는 풍성한 삶을 이루기를 기도한다.

넘치도록
감사하자

금년 한 해 몸된 하나님의 교회와 성도들의 가정 위에 어느 해보다도 더 풍성하게 축복해 주신 살아 계신 아버지 하나님께 감사를 드린다. 이중, 삼중의 은혜를 덧입은 우리 모두가 감사함을 드리는 것은 성도의 마땅한 본분이며 자세인 줄로 안다.

하나님께서는 감사를 받으시기를 원하신다. 받은 은혜를 감사하며 영광을 돌릴 때 주님께서 기뻐하시고, 우리에게 넘치는 은혜를 베풀어 주신다.

옥합을 깨뜨려 향유를 예수의 발에 부었던 마리아

는 예수의 사랑과 용서에 감사하여 300데나리온이나 되는 값비싼 향유를 주님을 위해 아낌없이 쓸 수 있었다(요 12:1-8). 주님은 이 여인을 칭찬하시고 기뻐하셨다. 그리고 "내가 진실로 너희에게 이르노니 온 천하에 어디서든지 복음이 전파되는 곳에는 이 여자가 행한 일도 말하여 그를 기억하리라"(막 14:9)고 하셨다.

사복음서를 통하여 보듯이, 예수를 통하여 병 고침을 받고 기적을 체험한 사람들에게 예수는 나가서 이런 사실을 말하지 말라고 하셨지만 그들은 받은 은혜에 감사하고 감격하여 동네에 나가서 많은 사람들에게 예수를 전파하였다. 그래서 주님의 복음이 널리 전해지게 되었다. 이처럼 우리 주님은 감사하는 성도들을 기뻐하신다.

소나무는 봄에만 푸른 것이 아니라 가을과 겨울에도 푸른 자태를 자랑하고, 가시덤불 속의 백합은 따뜻한 남풍이 불어도 향기를 날리고 혹한의 북풍이 불어도 향기를 날린다. 이와 같이 참된 성도의 감사란 범사에 감사하는 삶이어야 한다.

바울은 데살로니가전서 5장 18절에서 "범사에 감사하라"고 우리에게 권면해 주고 있다. 이 말은 어떤 일에든지 감사하라는 말이다. 곧 순경(順境)에서 감사했으면 역경(逆境)에서도 감사해야 한다는 것이다. 순경에서 하는 감사는 누구나 할 수 있는 일이지만 역경에서의 감사는 그렇게 쉬운 일이 아니며, 이는 범사에 감사하는 사람이 아니고는 할 수 없는 감사이기 때문이다.

범사에 감사하는 자에게는 대적이 있을 수 없다. 범사에 감사하는 자는 범사에 승리하는 자이기 때문이다. 그뿐만 아니라 하나님 앞에서 감사의 생활을 하는 사람에게는 언제나 마음 가운데 만족이 넘쳐나며, 기쁨과 행복이 찾아온다.

바울과 실라는 복음을 전하다 매맞고 옥에 갇혔다(행 16:23). 그러나 그들은 그러한 가운데에서도 하나님께 감사의 기도와 찬송을 드렸고 마음속에 기쁨이 충만했다. 그러자 갑자기 큰 지진이 일어나서 옥문이 열리고 감옥에서 풀려 나올 수 있었다.

이처럼 어떤 형편에서든지 감사할 줄 아는 사람에

게는 계속해서 감사할 조건이 생겨나며, 마음에 참 기쁨과 평화가 넘쳐 나게 된다. 또한 감사 생활을 하는 사람은 하나님의 은혜를 더욱더 깨달아 살며, 그의 믿음도 성숙해 간다.

따라서 스펄전 목사님은 "우리에게 별빛을 주신 은혜를 감사하면 하나님께서 우리에게 달빛을 주실 것이요, 우리에게 달빛을 주신 은혜를 감사하면 하나님께서 우리에게 햇빛을 주실 것이며, 우리에게 햇빛을 주시는 은혜를 감사하면 하나님께서 우리를 햇빛도 필요없는 좋은 곳으로 인도하여 주실 것이니, 거기에는 하나님의 영원하신 빛이 밤낮으로 비출 것입니다"라고 말씀했다.

감리교 창시자인 존 웨슬리는 "감사는 성숙한 그리스도인의 표시"라고 했다. 오직 감사할 수 있는 사람만이 성숙한 그리스도인으로서의 삶을 살 수 있다는 것이다.

금년 한 해를 되돌아 볼 때 우리 모두는 순간순간 많은 은혜를 받으며 살아왔다. 오늘날 우리 교회와 나의 나 된 것은 전적인 하나님의 은혜로 된 것이다. 우리의 이웃과 형제들의 눈물의 기도와 따뜻한 사랑과 헌신적인 도움으로 이루어졌다.

우리는 빚진 자들이다. 사랑의 빚, 은혜의 빚을 금년 한 해 동안도 많이 졌다. 갚지 못한 은혜가 너무 많다.

그러므로 우리 성도들은 살아 계신 하나님께로부터 받은 은혜, 형제와 이웃들에게 받은 은혜를 결코 잊어버리지 말아야겠다. 남은 기간 동안도 범사에 넘치도록 감사하면서, 더욱 복음전파 전선의 맨 앞에 서서 예수 그리스도의 증인들로 충성을 다하기를 바란다. 나아가 평화의 왕으로 오시는 아기 예수의 성탄을 기쁨으로 맞이하기를 축원한다.

21세기를
향한
선교

수많은 한국 교회와 선교 단체는 오늘도 세계인의 영혼을 위해 사랑의 관심을 가지고 기도하며, 선교의 역사를 이루어가고 있다. 그래서 선교의 밝은 내일을 기대하게 된다.

캐나다에 있는 피플 교회(People Church)는 단독 교회로 420명의 선교사를 파송하고 있어 선교의 본이 되었다. 본 교회도 러시아와 인도네시아, 볼리비아에 선교를 하면서 선교의 일익을 담당하려고 힘쓰고 있다. 특히 볼리비아 선교는 선교센터를 중심으로 하여 에덴 유치원, 에덴 초등학교, 중·고등학교를 인가받아 개교하여 복음 전파에 애쓰고 있다. 이 교육 시설들은 원주민들을 선교할 목적으로 만든 교육기관으로 볼리비아 민족을 복음화시키는 데 일익을 담당할 것이다. 이것은 하나님의 은혜요 마땅히 감당해야 할 일들로, 모든 한국 교회들이 하고 있는 선교 활동의 일부분이다.

교회는 선교하는 일이 근본이다. 교회의 운동은 선교하는 일이요, 교회의 목적은 하나님의 영광을 위한 선교에 있다.

교회는 헬라어로 '에클레시아'(Ekklēsia)로 '하나님께 부르심을 받은 무리'라는 뜻이다. 하나님께 부르심을 받은 가장 중요한 목적은 성령의 권능을 받고 선교하는 일이다. 선교하는 일은 주님의 소원이요, 유언이요, 마지막 부탁이요, 최대 명령인 것이다.

선교에 비전을 갖는 교회만이 더욱 부흥 성장할 것이며, 선교에 앞장서는 사람은 한 사람 한 사람의 영혼을 소중히 여기고 기도할 것이다.

영국이 낳은 세계적인 설교자 윌리엄 캐리가 1792

년 5월 노팅엄에서 열렸던 선교 집회에서 이사야 44장 2-3절의 말씀을 가지고 설교 중 외쳤던 "하나님으로부터 큰 일을 기대하라. 하나님을 위해 큰 일을 도모하라"는 말을 깊이 생각해 보아야 할 것이다.

기독교 역사를 살펴보아도 하나님은 소명을 받은 자들을 통해서 복음 사역을 감당하게 했음을 알 수 있다. 영국이 왕들의 부도덕한 생활과 주체성 잃은 종교관 때문에 도탄에 빠졌을 때가 바로 16~18세기였다. 그때 영국은 합리주의 풍조가 만연하여 따뜻한 사랑의 분위기를 상실했고, 거기에다 사회 기강이 바로 세워져 있지 않아 사회가 문란하고 타락일로에 있는 상태였다. 이때 존 웨슬리와 그의 동생 찰스 웨슬리, 그리고 조지 휫필드 세 사람은 힘을 모아 기울어진 사회와 교회를 바로잡아 보자고 일어났다.

그렇다고 선교가 결코 쉬운 것만은 아니었다. 희생이 없이는 선교 사역을 감당할 수 없다. 선교사들 중에는 선교 현지 기후에 적응할 수 없어 풍토병으로 본인은 물론 가족이 병들고 심지어는 생명을 잃기도 했다. 그러나 선교하는 일만은 아무리 어려워도 포기할 수 없는 고귀한 일이다.

그러면 앞으로 선교 방향은 어떠해야 할 것인가?

예수께서 역사를 이끄시는 방법을 살펴보면 자기 피로 사신 교회, 성도들을 통해서 일하신다는 것을 알 수 있다. 그러므로 선교를 위해서는 교회를 잘 섬겨야 한다. 모든 선교의 전초기지는 교회이기 때문이다. 교회 중심으로 선교를 하는 것이 효율적이라고 여겨진다. 사도 바울의 선교를 보더라도 선교여행을 하면서 가는 곳마다 교회를 많이 세웠고, 그 교회를 중심으로 선교를 했음을 알 수 있다.

선교는 사람 살리는 운동이다. 능력 있는 자는 사람을 살리는 자이다. 믿지 않는 자를 전도할 수 있는 자이다. "내가 복음을 부끄러워하지 아니하노니 이 복음은 모든 믿는 자에게 구원을 주시는 하나님의 능력이 됨이라 먼저는 유대인에게요 그리고 헬라인에게로다"(롬 1:16)라는 말씀처럼 복음에는 놀라운 능력이 있다.

오늘날 선교전략을 세우는 것이 결코 쉬운 일은 아

니지만 세계 복음화를 위해서는 선교전략을 세우는 것이 중요하다. 그 중요한 예로서 다음과 같은 것들이 있을 것이다.

어떤 기준으로 선교사를 선택할 것인가? 선정한 선교 후보자를 무엇으로 어떻게 훈련시킬 것인가? 선교 후보지의 선정은 어떻게 할 것인가? 선교비의 모금은 어떻게 할 것인가? 선교사가 선택할 선교방법은 어떤 것이 좋은가? 이처럼 선교사를 보내는 일에 있어서 다양한 일들이 얽혀 있다.

16세기에 로마 천주교에 소속되어 있던 '제수이트'(예수파)가 선교의 혁명을 일으키다시피 했는데, 그 당시 선교사 한 사람을 길러내는 데 16년이 걸렸다고 한다.

한편, 선교 훈련 과정을 거친 평신도 선교사를 많이 보내는 일도 중요하다. 정식 선교사가 들어갈 수 없는 나라들이 지금도 많다. 의사, 기술자, 교수, 약사, 간호사 등이 들어가서 일을 하면서 복음을 전하도록 하는 것이 필요하다. 평신도 선교사는 모든 사람에게 접근하는 것이 용이하기에 선교에 지대한 영향력을 미칠 것이다.

또 하나의 선교 방향은 우리나라에 있는 외국인들에게 복음을 전하여 믿음으로 성숙하게 하고 사명감을 고취시키고 훈련시켜 그들로 하여금 본국으로 돌아가 선교하게 하는 방법이다. 현재 우리나라에 머물고 있는 외국인 근로자들을 선교하는 일은 하나님께서 허락하신 절호의 기회라고 믿는다.

이렇게 나아갈 때 하나님의 나라는 점차 확장되어 갈 것이다. 한국 교회는 세계 선교의 사명을 받았음을 다시 한 번 인식하고 교회가 연합하여 세계 복음화에 박차를 더해 가야 할 것이다.

의지하는 신앙

"내가 주를 의뢰하고 적군을 향해 달리며 내 하나님을 의지하고 담을 뛰어넘나이다 하나님의 도는 완전하고 여호와의 말씀은 순수하니 그는 자기에게 피하는 모든 자의 방패시로다"(시 18:29-30).

기독교 신앙은 의지하는 신앙, 즉 신뢰하는 것이다. 신앙은 하나님을 의지하고 예수 그리스도를 의지하는 데서 실제로 표현된다. 내 신앙이 어떠한가는 내가 무엇을 의지하고 사느냐로 알 수 있다. 지금 우리 자신에게 물어 보고 현재 우리의 삶의 현장에서 얼마나 하나님을 의지하고 있는가를 통하여 내 신앙의 유무(有無)와 가볍고 무거움을 헤아릴 수 있는 것이다.

우리가 하나님을 의지한다는 것은 무엇을 의미하는가?

자연인 그대로 하나님께 나온다는 것은 용납되지 않는다. 하나님은 절대자이시며, 하나님은 거룩하신 분인데, 이분을 만나는 것은 속된 인간 그대로는 불가능하다. 왜냐하면 인간은 불완전하고 흠이 있고 죄가 있기 때문이다. 그래서 구약시대 이스라엘의 대제사장이 1년에 한 번씩 성전의 지성소에 들어갈 때는 희생 제물의 피를 의지하고 들어갔다. 그리고 하나님을 예배(禮拜)하고 하나님의 말씀을 듣고 하나님과 관계를 가졌다.

신약시대에 와서 우리는 예수 그리스도의 피를 의지하여 하나님을 만난다. "우리가 예수의 피를 힘입어 성소에 들어갈 담력을 얻었나니 그 길은 우리를 위하여 휘장 가운데로 열어 놓으신 새로운 살 길이요"(히 10:19-20). 우리는 예수 그리스도께서 십자가 위에서 흘린 보혈을 의지하고 예수 그리스도의 의(義)를 의지하여 거룩하신 하나님께 나아가는 것이다. 자기의 의는 하나님께 용납되지 않는다. 하나님을 만나려면 예수 그리스도의 의를 의지해야 한다. 즉 예수 그리스도의 의를 옷입어야 한다.

시편 52편 8절의 "그러나 나는 하나님의 집에 있는 푸른 감람나무 같음이여 하나님의 인자하심을 영원히 의지하리로다", 시편 13편 5절의 "나는 오직 주의 사랑을 의지하였사오니 나의 마음은 주의 구원을 기뻐하리이다"라는 말씀처럼 기독교는 어디까지나 하나님의 인자와 긍휼하심의 은혜가 가장 중요하다. 독생자를 보내셨다는 사실부터가 얼마나 큰 하나님의 사랑이 인간을 향하셨는가를 말해 준다.

우리는 인간들을 의지한다. 자녀는 부모의 사랑에 의지한다. 늙어서는 부모가 자녀를 의지한다. 아내나 남편은 서로의 사랑에 의지한다. 그러나 그 사랑은 불완전하고 약하다. 우리는 친구, 이웃, 친척들을 의지한다. 그러나 그 사람들은 변하고, 떠나가고, 불성실하다. 사람의 사랑은 유한하다. 사람의 사랑은 이기적이다.

그러나 하나님의 사랑은 지극히 희생적이다. 예수께서 어린아이와 같이 믿어야 한다고 말씀하신 것은 사랑에 의지한다는 것을 말한다. 어린아이는 절대적으로 엄마와 아빠의 사랑에 의지한다. 이것은 병아리가 어미닭의 품에 의지하는 것과 같다.

니묄러 목사는 히틀러 통치 때 개인 독방 생활을 3년간 했다. 그는 사람들이 타죽는 냄새, 산 유령들이 보이는 곳에서 지냈다. 전쟁 후 그는 시카고로 와서 언론과의 인터뷰에서 다음과 같이 말했다. "사람은 시험에 이르기 전에는 자기가 얼마나 견딜 수 있는가를 모른다. 그러나 그 고난의 현실에서 하나님을 사랑하고 의지한다면 생각보다 훨씬 더 잘 견디어 낼 수 있다."

시편 56편 4절에 "내가 하나님을 의지하고 그 말씀을 찬송하올지라 내가 하나님을 의지하였은즉 두려워하지 아니하리니 혈육을 가진 사람이 내게 어찌하리이까", 시편 18편 29절에는 "내가 주를 의뢰하고 적군을 향해 달리며 내 하나님을 의지하고 담을 뛰어넘나이다"라는 구절이 있다.

우리가 세상을 살아가는 것은 마치 전쟁터에 있는 것과도 같다. 얼마나 험악한 세상인가? 죽이고 빼앗고

넘어뜨리는 이 세상은 얼마나 위험이 많은가? 매일 수많은 생명이 죽어간다.

우리는 개인적으로, 가정적으로, 사회적으로 어려운 곤경에 빠져들 때가 있다. 마치 사면초가의 포위상태에서 적군의 노래만 들리는 상황에 처할 때가 있다. 또는 지금 막 달려드는 적을 대항해서 싸우지 않으면 패망하고 말 위기에 놓이기도 한다. 그때 우리는 누구를 의지하겠는가? 자기도 어떻게 못하고 그 누구도 도와줄 수 없는 상황에서 우리는 어떻게 하겠는가?

다윗은 거인 골리앗을 맞아 싸워야 했다. 다윗은 이 거인에 맞서 묵묵히 하나님을 의지하고 나가 쓰러뜨렸다.

우리는 "능력 주시는 자 안에서 내가 모든 것을 할 수 있다"(빌 4:13) 하고 담대히 말해야 하고, 이것을 실생활에 옮겨야 한다.

> "강하고 담대하라 두려워하지 말며 놀라지 말라 네가 어디로 가든지 네 하나님 여호와가 너와 함께하느니라"(수 1:9).

하나님의 능력을 의지하면 놀랄 것이 없다. "내가 하나님을 의지하고 담을 뛰어넘나이다." 바울 사도는 고린도후서 1장 8-9절에서, 사형 선고 받아 살 수 없는 지경에서 자기나 남을 의지할 수 없는 지경에 처하게 된 것이 오직 하나님만 의지하는 이유가 됐다고 말한다.

바울 사도는 고백하기를 "내가 약할 때에 곧 강했다"(고후 12:10)라고 했다. 이것은 하나님의 뜻을 의지하고 하나님의 옳다 하심을 의지하며, 인간의 생각, 임시적인 생각으로 행하지 말라는 것이다. 이 세상은 악한 자들이 너무나도 많다. 악한 흉계를 행하는 사람이 많다. 세상은 혼란하다. 무질서하고 변화무쌍(變化無雙)하다. 잘못된 자유가 난무한다. 어둠의 기운이 농후하다. 인간들은 삶의 목표를 잃어버렸다. 도덕의 빛, 종래의 가치관도 다 시들어 버렸다.

이 혼란한 세상에서 우리는 어떻게 살아야 하는가? 먹고 입고 쓰는 행복이나 누린다면, 아무 걱정 없이 개, 돼지처럼 살려는가? 그러나 사람답게 살려면 목표를 가지고 살아야 하지 않겠는가? 제대로 된 긍정과 부정을 하며 살아야 하지 않겠는가? 우리는 매사에 우리의 이성, 의지, 지혜를 의지하여 일을 처리하려고 한다. 신앙은 이성을 십자가에 못박는 것이다. 파스칼의 말대로 신앙은 자기의 연약한 이성을 신적인 이성 앞에 버려야 하는 것이다. 그리고 신의 뜻에 합하도록 순종해야 한다.

우리는 언제나 예수 그리스도의 말씀, 예수 그리스도의 정신, 예수 그리스도의 마음에 우리의 것을 비추어 보아야 한다. 그렇게 함으로써 우리는 악한 자들 틈에서 선하게 살 수 있다. 우리는 하나님의 선한 뜻에 의지하고 그 뜻이 이루어지고 승리할 것을 믿으며 그 뜻만 좇아 살아야 한다.

주님을 의지하면 "주님께서 이루시리라"(시 37:5). 그를 의지하면 주님은 우리를 평강에서 평강으로 지키신다. 그러면 우리는 하나님의 집에 있는 푸른 감람나무와 같다(시 52:8). 물가에 심기운 나무와도 같다(렘 17:8). 그렇게 될 때 우리는 뿌리를 강변에 뻗어 더위가 올지라도 두려워하지 아니하고, 잎이 마르는 가뭄이 온다 해도 걱정이 없이 결실이 그치지 아니하는 나무와 같이 될 것이다.

포 스 트
코 로 나
시 대

제3부

지금 우리는 무엇을 할 것인가?

영적인 파수꾼이요 예수 그리스도의 생명의 편지인 우리는
무엇을 하고 있는가? 무엇보다도 우리는 말씀 안에서
멀리 바라보고, 깊이 있게 생각해야 한다. 나아가 믿음을 통해
세상 속에 교회의 역할과 사명을 밝히 드러내 보여야 한다.

시간은
소중하다

모든 인간은 하루 24시간이라는 똑같은 양의 시간을 가지고 살아간다. 모든 사람들은 그 시간 속에서 보람을 갖고 창조의 역사를 이루며 살아간다. 시간이란 그 자체에 의미가 있다기보다는 인간의 삶과 결합될 때 비로소 그 의미를 찾을 수 있다. 시간은 하나님께서 우리에게 주신 선물이다. 그러므로 소중한 시간을 허송세월할 권리가 우리에게는 전혀 없다. 시간 속에 하나님께 받은 사명이 있기 때문이다.

달란트 비유(마 25:14-30)에서 보면 주인이 종들에게 시간과 함께 달란트를 맡겼음을 볼 수 있다. 다섯 달란트 맡은 사람과 두 달란트 맡은 사람은 부지런히 일함으로 말미암아 칭찬받았다. 그러나 한 달란트 맡은 사람은 일하지 않고 시간을 보냈으므로 무익한 종이 되어 바깥 어두운 곳으로 내쫓김을 당했다. 그에게는 다시 좋은 기회가 돌아오지 않았다.

시간은 소중한 것이지만 한 번 지나간 다음에는 아무리 사정을 해도 되돌아오지 않는다. 시간은 저축도 할 수 없으며 자녀에게 물려줄 수도 없다. 아무리 돈이 많다고 하더라도 시간을 살 수 있는 백화점은 없다.

실패한 사람들마다 공통적으로 말하는 한마디가 있는데 그것은 "시간이 없었다"는 말이다. 그들은 '시간이 없다'는 말만 할 뿐이다. 그들은 주님 앞에 설 때도 변명할 것이다. "세상 일에 바빠서 진정 불쌍한 사람에게 사랑을 베풀어야 한다는 것을 알았지만 시간이 없었습니다. 주일날 교회에 나가야 하는 줄 알았지만 다른 일이 많아서 나가지 못했습니다."

우리가 이 세상을 떠나 주님의 심판대 앞에 설 때

주님께서 생명책을 보시면서 "나도 너의 이름을 기록하려고 했는데 시간이 없었노라"고 말씀하신다면 얼마나 통곡할 일이 되겠는가? 마땅히 해야 할 일을 하지 못하고 헛된 일에 바쁘다면 무슨 소용이 있겠는가?

시간 사용에 있어서 우선순위가 대단히 중요하다. 같은 양의 주어진 시간 속에서 무엇을 위해 일하며 그 시간을 어떻게 분배하느냐에 따라 후회와 만족, 실패와 성공이 좌우된다.

시간을 뜻하는 헬라어 두 단어가 있다. 하나는 '크로노스'요, 다른 하나는 '카이로스'이다. 이 두 가지 단어의 차이를 간단히 설명하면, '크로노스'는 하나님과는 관련 없는 자기 결정적인 시간, 소유하지 못할 객관적인 시간을 의미한다. 이와 반대로 '카이로스'는 인격적인 행위와 관련된 시간으로서 성취되어야 할 목적과의 관계에서 결정되는 시간을 말한다. 이 '카이로스' 안에서 하나님의 계획이 증진되든지 혹은 지연되든지 한다. 이 시간은 의미 있는 시간을 말하며, 좀더 강하게 말하면 중대한 시간 내지 위기의 시간을 말한다. 에베

소서 5장 16절의 "세월을 아끼라 때가 악하니라"는 말씀은 시간의 중요성과 긴박성, 그 소중함을 알리는 말씀으로 '카이로스'를 말한다.

시간은 인간에게 대단히 중요한 자산이다. 그런데 시간을 잘 활용하지 못하고 기회를 놓쳐서 불행한 삶을 살아가는 사람들이 얼마나 많은가? 게으르다가 시간을 도둑맞고 의미 없는 일, 가치 없는 일을 위하여 시간을 보내는 어리석은 사람들도 있다.

젊음의 귀한 시절에 열심히 촌음을 아끼며 보람있는 일을 하면서 살아간다면 그에게는 복된 삶이 보장될 것이다. 사람이 시간에 대하여 후회를 하지 않으려거든 가치의 비중을 심각하게 생각해야 할 것이다.

한 아이가 부모를 따라 오케스트라의 연주회에 갔다. 아이는 연주 내내 지루함을 느꼈는데, 그 가운데 두세 번 정도 순간적으로 흥미가 있었다. 뒤에 선 두 악사가 거대한 심벌즈를 울릴 때였다. 심벌즈에 몹시 흥미가 생긴 소년은 음악회 후에 무대 뒤로 가서 심벌즈를 다룬 악사를 만나 물었다.

"그것은 배우기가 힘들어요?"

"힘들지 않다. 다만 심벌을 울리는 시간이 중요해. 반 초 늦어도 안 되고 빨라도 안 된다. 꼭 그 순간에 울리는 것이 성공의 비결이다."

순간마다 의미가 있고 중요성이 있는 것이다. 내가 해야 할 일을 그 순간에 하지 못함으로써 불협화음을 이루는 경우가 얼마든지 있다. 내게 맡겨진 위치에서 충성을 다하는 것이 얼마나 중요한 것인가를 교훈하는 이야기이다.

그러면 예수는 시간 사용을 어떻게 하셨는가 알아 보는 것도 중요하다. 예수께서는 자기의 시간은 자기의 것이 아니라 주어진 것이라고 생각했다. 그는 자기의 시간을 타인에게 봉사하기 위해 주어진 것이라고 느끼고 있었다. 예수는 또 타인의 시간을 결코 자기 개인을 위해 빼앗고자 하지 않았다. 예수는 확실히 제자들에게 그들의 시간을 전부 요구했지만 자기를 위해서가 아니라 하나님의 나라와 그의 의에 봉사하도록 하기 위해서였다. 그리고 그의 사역을 이루실 때도 하나님의 때(카이로스)를 기다렸다.

우리는 흔히 시간 관념에 대해서 소홀히 하는 면을 종종 보게 된다. 나의 시간은 소중하게 여기면서도 남의 시간에 대해서는 낭비해도 되는 것처럼 시간을 지키지 않는 것을 볼 때 안타까운 마음이 든다. 나에게 주어진 시간도 중요한 반면에 상대방의 시간도 중요하기에 낭비되지 않도록 시간 약속을 잘 지키는 것도 시간 활용의 좋은 방법이라고 생각한다. 시간을 자기의 것이라고 생각하고 사용하는 것은 사람으로 하여금 소외감을 느끼게 하는 원인 중의 하나이다.

우리 삶에 있어서 시간을 중요하게 생각한다면 우리의 생활 내용에도 많은 변화가 있을 것이다. 감리교의 창시자 존 웨슬리는 "아무것도 하지 않고 있는 시간이 있어서는 안 된다. 그러나 이보다 더 시간을 낭비하는 것은 쓸데없는 것에 시간을 쓰는 것이다"라고 말하였다. 이는 시간이 얼마나 소중하고 잘 활용되어야 하는지 일러주는 말이다.

우리 모두 겸손히 주님 앞에서 기도하자. 무엇을 위

해 그렇게 열심히 일했고 뛰어왔는가를 반성하고 새로운 시간관을 확립함으로써 하나님의 영광을 위해 열심히 살아가는 계기가 되기를 바란다.

예수 탄생의 기쁨

인류에게 있어 가장 큰 기쁨의 날은 예수 그리스도께서 탄생하신 날이다. 그날은 성탄절이며 아름답고 즐겁고 복된 날이다. 우리가 해마다 맞이하는 성탄절이지만 그 의미는 해가 갈수록 새로워짐을 느낀다. 성탄절은 모든 죄인들을 구원하기 위해 이 세상에 예수 그리스도가 태어나신 날이기 때문이다. 전 세계가 기쁜 성탄절을 맞이하기 위해 일손을 멈추고 국경과 인종을 초월하여 예수의 탄생을 축하하고 찬양과 경배를 드리며 기뻐하고 있다. 이 기쁨은 베들레헴

들판에서 천사들이 부른 노래와도 같다. "지극히 높은 곳에서는 하나님께 영광이요 땅에서는 하나님이 기뻐하신 사람들 중에 평화로다"(눅 2:14).

구주의 탄생은 우리에게 더욱 힘이 되고 기쁨이 되며, 소망이 넘치는 삶을 살아가게 하는 원천이 된다.

예수의 탄생을 축하하는 말로서 '메리 크리스마스'는 기쁜 성탄이라는 뜻을 가지고 있다. 성탄의 기쁨을 헬라어로는 '카라'라고 말한다. '카라'는 세상의 일시적인 기쁨을 의미하는 것이 아니라 기쁨의 근원이라는 의미를 내포하고 있다. 이처럼 예수의 탄생은 온 인류에게 평화와 기쁨을 주기에 우리는 그날을 사모하며 기다리는 것이다.

성탄절은 인간에게는 이루 헤아릴 수 없는 축복이지만 만왕의 왕으로, 구원의 주로 오신 예수에게 있어서는 고난의 시작이라고 할 수 있다. 하나님의 아들인 예수께서 우리에게 오셔서 구원의 복음을 전해 주시고 끝까지 사랑하시며 우리를 대속하기 위해 십자가에서 죽으셔야만 했기 때문이다. 성탄은 온 인류를 위한, 나를 위한 하나님의 비하 사건이다. 죄인을 구하시려고 하나님이 하늘의 영광을 버리시고 죄인의 형상을 입으신 사건이기도 하다.

그러므로 주님의 진정한 성탄의 의미를 되새기며, 그리스도인이라면 단순한 축제 분위기에 휩싸이지 말고 그리스도 탄생의 참뜻을 알고 구원의 은혜에 감격하며 기쁨으로 이웃과 함께 성탄을 맞이해야 할 것이다.

성탄을 맞는 우리는 예수를 나의 왕으로 나의 주님으로 모셔들이고 온전히 하나님께 영광을 돌려 드리는 삶을 살아가야 할 것이다. 왕에게 황금을 드리듯 가장 귀중한 것을 아낌없이 바치며 유향을 붓듯 순결한 삶을 통해 그리스도의 향기를 나타내야 할 줄로 안다.

천군 천사들은 양치던 목자들에게 기쁜 소식을 전해 주었다. "보라! 내가 온 백성에게 미칠 큰 기쁨의 좋은 소식을 너희에게 전하노라." 이 소식은 그리스도인들에게는 무한한 기쁨이요 평화이다. 그래서 우리는 목청껏 감사와 찬송을 부르며 사랑하는 이웃과 함께 기쁨을 나눈다. 주님이 나신 날에 천군 천사들이 기쁨의 소식을 전한 것처럼 우리도 이 소식을 온 세상에 널리 전파해야 할 것이다.

그리스도인들은 슬픔과 탄식을 믿음으로 이기고 기쁨과 즐거움이 넘치는 삶을 자신만 누리는 데서 그쳐서는 안 된다. 이 세상에서 괴로워하며 공포와 불안에 떠는 사람들의 손과 발을 만져 주며 그들에게 "두려워 말라, 하나님이 너를 구원할 것이라"고 전해야 한다.

예수 그리스도는 하나님께서 얼마나 우리를 사랑하시는가를 보여주신 사랑의 확증이다. 인류에 대한 하나님의 자기 표현이다. 특별히 예수 그리스도가 말구유에 태어난 것은 예수가 소외된 자들을 구원하기 위하여 그들의 삶의 현장을 찾아오신 것이다.

요즈음에는 성탄절이 되면, 오히려 믿지 않는 불신자들이 더욱더 소란스럽게 육신의 만족과 향락과 쾌락을 위해 먹고 마시고 놀면서 이 성스러운 날을 보내고 있다. 이는 주님의 마음을 아프게 한다. 마치 생일의 주인공도 없이 자기네끼리 즐거워하는 우스꽝스러운 생일잔치와 마찬가지이다. 상가나 유흥가들이 성탄 트리와 장식을 아름답게 하지만 그것은 진정 예수를 찬양하는 마음이라기보다 자신의 이익을 한몫 챙기겠다는 계획들이다.

우리는 이런 잘못된 모습들을 보고 비판하고 저주만 하기보다는 저들을 주님의 사랑으로 찾아가 깨우치고 생명의 빛을 비춰 주는 사명을 잘 감당해야 하리라고 믿는다. 삶의 방향성을 잃어버리고 황금만능주의에 빠져 감옥에도 가고 바둥거리는 인생들을 올바르게 인도해야 할 것이다.

오늘 성탄을 맞는 그리스도인들은 오늘이 생명의 빛을 모든 사람들에게 비춰주는 날이 되도록 힘써야 한다. "그 안에 생명이 있었으니 이 생명은 사람들의 빛이라"(요 1:4). 지금 많은 사람들은 물질 풍요와는 대조적으로 고달프고 외롭고 허무해 하며 불안과 삶의 권태를 느끼면서 살아가고 있다. 성탄절은 이러한 인생들에게 참생명의 빛을 비추는 날이 되어야 할 것이다.

그러므로 교회는 아기 예수 탄생을 위한 축제와 아울러 이들을 찾아가서 생명과 사랑의 손길을 주어야 한다. 화려하게 장식하고 징글벨 소리를 들으며 즐기는 곳에 주님은 함께하지 않는다. 오히려 주님의 사랑은 시들고 지쳐 버린 삶 속에 거하시고, 용기와 기쁨을 갖도록 찾아가신다. 오늘 구원이 필요한 자를 찾아가서 그들에게 성탄의 기쁨과 빛을, 사랑을 함께 나누는 성탄을 맞이하여 어느 해보다 하나님께 영광을 돌리고 뜻있는 시간을 보내기를 소망한다.

성탄의 기쁨과 평강이 여러분의 가정에 함께하시길 축원하며… 아멘!

지금 우리는
무엇을
할 것인가?

현대사회는 나날이 세분화되고 복잡해진다. 또한 어마어마한 속도로 모든 것이 변화하고 있다. 10년이면 강산도 변한다던 말은 이미 옛말이 되었고, 오늘도 어제와 다른 시절이 되어 버렸다. 물질적 풍요 또한 넘치는 곳도 많지만 그만큼 빈부의 격차가 심해졌고, 문명이 극도로 발달했지만 정신문명은 그 이상으로 후퇴한 것처럼 보인다. 인간은 자연을 훼손하였고 그 결과 인간이 상상할 수도 통제할 수도 없는 재해들이 수시로 인간에게 들이닥친다. 이런 사회 속에 우리 그리스도인들은 질서를 바로 잡기 위해 그리고 하나님의 의로우심을 드러내기 위해 무엇을 하고 있는가? 영적인 파수꾼이요 예수 그리스도의 생명의 편지인 우리는 무엇을 하고 있는가?

안타깝게도 기독교는 부흥의 세기를 지나 오히려 사회에 지탄을 받는 지경이 되었다. 이러한 때일수록 우리 기독교인은 사회적으로, 역사적으로 책임을 통감하면서 복음의 등불로서 시대를 새롭게 변화시켜 가는 사람들이 되어야 할 것이다. 무엇을 어떻게 하여야 어두운 이 세상을 밝게 비추어 갈 수 있을지 기도하지 않으면 안 될 것이다. 무엇보다도 우리는 말씀 안에서 멀리 바라보고, 깊이 있게 생각해야 한다. 나아가 믿음을 통해 세상 속에 교회의 역할과 사명을 밝히 드러내 보여야 한다.

결국은 한국 교회가 본연의 자세로 돌아가서 복음과 전도와 선교의 사명으로 새로워져야 한다는 말이다. 그리하여 교회로서 믿음의 위상을 높여야 할 것이다.

그렇다면 선교 2세기를 맞이하는 한국 교회에 필요

한 새로운 위상은 무엇이어야 하겠는가?

교회가 역사적인 혜안을 지녀야 한다

하나님은 무에서 유를 창조하신 분이다. 천지를 말씀 한 마디로 창조하셨다(창 1:1). 그러므로 교회는 우주를 창조하신 하나님의 섭리를 헤아리며 역사적인 사명을 감당해야 한다. 우주적인 역사관을 기초로 철저히 신앙 고백하는 교회여야 한다.

그러나 실상은 그렇지 못하다. 사소한 이익에 집착하고, 대의를 따르기보다는 감정적인 사고의 틀에서 벗어나지 못하고 허우적거릴 때가 많이 있다. 마찬가지로 성도들은 교회라는 전체적인 틀에서 자기의 위치를 생각하고 겸손한 믿음으로 봉사하고 섬겨야 한다. 그런데 건설적이지 못한 부정적인 사고를 가지고 믿음을 지키지 못하는 경우가 종종 있다.

지금 우리 교회는 '시대를 이끄는 사랑이 충만한 교회'가 되기 위한 노력을 하고 있다. 목회와 행정과 교육과 선교와 사역에 있어서 신앙적인 입장에서 새로운 틀을 짜야 한다. 모두가 하나님의 섭리에 맞는 역사적인 눈으로 변화되어야 한다.

그러나 중요한 것은 우리 모든 성도들이 역사적인 혜안을 가지고 한마음이 되어 상식과 신앙에서 지나침이 없는 가치관을 회복해 가는 것이다. 그리하여 많은 사람들이 교회를 통해 인생의 갈 길을 바로 갈 수 있어야 한다. 그러기 위해서는 부지런히 성경을 상고하여 하나님의 뜻을 헤아리는 성도들이 되어야 한다.

복음에 철저해야 한다

누구든지 그리스도 예수로 말미암지 않고는 결코 구원받을 수 없다는 사실을 우리는 안다(행 4:12). 그러나 이 사실을 믿는 사람은 그리 많지 않다. 왜냐하면 사람들은 자신의 경험과 지식을 앞세워 일하면서 복음에 의지하여 일하려고는 하지 않기 때문이다. 사사건건 이유가 많다. 예수 안에서 이해와 사랑과 감사와 기쁨을 가지고 교회를 섬기고 세상에 복음을 전하기에도 시간과 여력이 부족한데 불평과 불만이 가득하다.

유사 이래로 지금까지 인간이 만든 것 중에서 완벽한 것이 무엇이 있었으며 영원한 것이 무엇이 있었는가? 우리는 다 부족하여 양과 같이 그릇 행할 수밖에 없다. 그러나 참목자가 되신 예수 안에서는 온전한 삶을 이룰 수가 있다. '오호라 나는 곤고한 자로다 누가 나를 이 사망의 몸에서 구원하랴!'라고 고백하는 것이 오늘을 살아가는 사람들의 실상이다. 복음을 통해서 우리는 영적으로 온전해질 수가 있다. 또한 구별된 삶을 살 수 있는 능력이 생기게 된다. 무엇보다도 중요한 것은 복음을 통해서만이 믿음의 그물을 내릴 수 있다는 사실이다(눅 5:1-11). 혼란한 사회 속에서 한국 교회의 권능을 회복하는 지름길은 복음으로 돌아가는 길뿐이다.

미래를 위해 계속적인 투자를 해야 한다

우리 교회는 오래전부터 신학대학원 재학생들과 대학 재학생들에게 장학금을 지급해 왔다. 중·고등학생들에게도 장학금을 지급했다. 이 모든 것은 복음을 전담하여 전할 미래의 교회 지도자들을 육성하는 일과 미래의 교회와 국가에 있어서 세계 속의 주역이 될 인재들을 육성하는 일이기에, 교회에 있어 빼놓을 수 없이 중요한 일이기 때문이다.

더 나아가 미국 노스캐롤라이나 주의 랄리에 있는 랄리 제일장로교회와 함께 기독교 가정 문화 교류도 해 왔다. 또한 남미 볼리비아에 한국선교센터를 건립하여 유치원부터 초·중·고등학교와 신학교를 운영하고 있다. 성경은 "마땅히 행할 길을 아이에게 가르치라 그리하면 늙어도 그것을 떠나지 아니하리라"(잠 22:6)고 하였다. 우리는 미래를 위한 계속적인 투자를 위해 노력을 아끼지 말아야 할 것이다.

우리 교회는 사회 각 분야에서 하나님의 도구로 의롭고 바르고 정직하게 쓰일 미래의 꿈나무들을 부지런히 육성해야 한다. 그래야 우리의 후손들이 살아가는 세계는 지금보다 소망이 있고 하나님이 주신 행복이 넘치게 될 것이다. 이 일을 위해 모든 성도들이 말씀으로 훈련받고 지도받는 일에 참여하여 시대를 온전히 감당하는 감각을 길러야 할 것이다.

지금 우리는 '무엇을 할 것인가?'를 생각해야 하는 중요한 시기를 보내고 있다. 한국 교회는 자기의 한계를 극복하고 격변하는 사회 속에서 제 역할을 감당하기 위해서 필요한 위상이 무엇인가를 생각해 보아야 한다. 위상을 높이는 길은 역사적인 혜안을 지니는 일, 복음에 철저해야 하는 일, 미래를 위해 계속적인 투자를 하는 일이다.

'내 눈이 항상 여호와를 바라본다'(시 25:15)는 시인의 고백을 하며 자신의 역할에 충실해서 믿음의 승리를 체험하는 여러분이 되기를 원한다.

믿음의
가정을
회복하자

　　가정은 하나님께서 우리 인간에게 주신 가장 귀한 선물이다. 행복하고 건강한 가정을 하나님은 원하시며 이와 같은 가정이 많을수록 사회가 안정되고 나라가 부강해진다. 하나님께서는 가정을 통해 행복을 주시기에 날마다 가정에 대한 깊은 관심을 가지고 계신다.

　창세 때부터 현재까지 가정은 변함없이 존재하고 있으며 인간은 가정을 떠나서는 존재할 수가 없다. 모든 인간은 가정에서 태어나며 그 속에서 죽는다. 그리고 살아 있는 동안은 어떤 형식으로든 서로 사랑의 관계를 맺으며 살아가는 곳이 가정이다.

믿음의 가정에는 살아 있는 사람의 기쁨도, 슬픔도, 고뇌도 포용하는 놀라운 힘이 있다. 자녀를 기르는 사랑의 에너지가 있고, 내일을 향한 삶의 활력을 불어넣어 주는 능력이 숨겨져 있다. 가정에는 언제나 믿음과 소망과 사랑이 있으며, 세상의 어떤 고난도 이겨 나갈 수 있는 담대한 용기가 이곳에서 생긴다. 이처럼 가정은 인간의 정상적인 성장과 성숙을 위한 가장 자연적이고 가장 좋은 안식처요 최고의 신앙교육을 할 수 있는 학교라는 데에 이견이 없을 것이다.

하나님께서 친히 제정하신 가정의 원형은 부부의 사랑을 중심으로 하는 가정이다. 남편 된 아담은 하와를 절대적으로 사랑해야 했다. 그래서 아담은 하와를 자신의 몸이라고 고백했다(창 2:23). 그리하여 아담은 하와를 자신의 몸처럼 사랑했고, 그녀 역시 절대적인 사랑으로 돕는 배필로서 그를 사랑하였다. 가정의 시작은 하나님을 향한 믿음에서 출발했으며, 하나님은 믿음의 가정을 통해서 행복한 삶을 살아가도록 섭리하셨음을 알 수 있다. 하나님 안에서 믿음으로 가정을 이루고 사는 가정은 반석 위에 집을 짓는 것과 같다.

그러므로 기독교 가정이 하나님께서 성서를 통해 보여주신 행복한 가정을 어떻게 건설해 나갈 것인가를 파악하고 그 뜻을 실현하는 일은 무엇보다도 중요하다.

가정은 사회의 기본 단위요, 인간의 중요한 사랑 공동체임을 기억하고, 가정의 문제를 해결하려는 노력을 포기하지 않고 끊임없이 기도와 말씀으로 회복하기 위한 노력을 해야 한다. 우리는 믿음의 가정을 이룩함으로써 하나님이 주신 아름다운 가정을 회복해야 할 막중한 책임이 있다. 가정을 세우신 분이 하나님이시기에 그 치료 방식도 하나님의 말씀에서 찾아야 한다. 가정은 사회를 구성하는 기본 단위이므로 믿음의 가정 회복이 사회 회복의 첫걸음이 된다.

창세기 2장에서 보듯이 가정은 하나님이 창조한 하나의 질서이다. 그러므로 모든 가정은 하나님의 모든 사업에 동참하는 한 매체인 것이다. 가정을 하나님 창조질서의 하나로 보면 가정은 곧 하나님의 성령이 임재하는 곳이요, 하나님의 은총을 경험하는 자리이다. 가정은 주님의 영광을 위해 살아가며 행복을 누리는 곳이다.

이런 복된 믿음의 가정을 회복하기 위해서는 먼저 올바른 결혼관의 확립이 있어야 하겠다. 가정을 이루는 출발점이 결혼이라고 생각해 볼 때, 결혼의 성립 과정에서 무엇보다 우선하는 것은 올바른 가정관을 가지는 것이다. 서로가 믿음을 바탕으로 하나 된 가정이라야 반석 위에 세운 집과 같다.

자녀를 비롯한 후손들에게 신앙교육을 잘 하는 가정교육의 표본을 먼저 구약에서 찾을 수 있다. 애굽에서의 탈출 경험이 망각되기 전, 가나안 정복을 눈앞에 두었던 이스라엘 민족을 향해 야훼 신앙을 다짐하던 모세의 연설은 "이스라엘아 들으라"로 시작되었다 (신 4:1). 여기서 '들으라'는 히브리말 '쉐마'를 따서 히브리 가정의 신앙교육의 기초와 근간으로 삼았다. 이스라엘의 가정은 이 세상 가정의 기능과 성격 이외에 하나님의 축복이 임재하시는 약속의 공동체로 이해되었던 것이다.

신약에서의 가정교육은 기독교 교육으로 전환한다. 사랑과 돌봄으로 자녀들을 성장시키는 양육을 소중히 여기기 시작했다. 사랑의 분위기를 통한 인간의 새로운 형성이라는 새로운 교육적 차원이 초대교회 시대에 이루어진 것이다.

가정을 가정 되게 하는 것은 하나님의 사랑이다. 부부가 사랑으로 결합하여 자녀를 낳고 전 가족이 혈연으로 맺어질 때 주님의 사랑이 없으면 아무것도 아니다. 바람직한 가정이라면 그리스도의 사랑이 넘쳐야 한다. 가정은 여러 인격체가 함께 모여 사는 곳이기 때문에 가족은 평생을 살면서 가장 친근한 동반자가 될 수 있다. 서로의 약점을 발견할 수 있기에 가정에서는 참사랑으로 이해하고 덮어 주며 감싸 주고 아껴 주는 희생적인 사랑이 필요하다.

사랑이야말로 서로 열린 마음을 만들어 주는 소중

한 것이다. 사랑이 있는 곳에는 언제나 기쁨이 있다. 사랑을 꽃 피우는 데에는 여러 방법이 있겠으나 그중 하나로 대화를 들 수 있다. 대화는 믿음의 가정을 지켜 가는 데 중요하고, 회복하는 데도 매우 좋은 방법이다.

우리는 가정을 회복해야 하겠다. 하나님께서 인간을 창조하시고 일남 일녀를 만들어 가정을 이루게 하신 후 자녀를 양육하도록 아름다운 동산을 주시고 평화와 행복 속에 살게 하신 거룩한 믿음의 가정을 다시 세워가야 할 것이다. 하나님을 중심으로 하는 가정으로, 말씀으로 가르치고 교육하는 가정으로, 사랑이 역사하는 가정으로 믿음의 가정을 회복해야 하겠다.

희망찬
새해를
열어 가자

새해가 밝아 오고 있다. 누구나 새해가 되면 새로운 희망을 가지고 한 해를 잘 살아 보려고 한다. 인간이 희망을 품는다고 하는 것은 매우 중요하다. 영국 속담에 "인간의 최대 행복은 희망을 갖는 데 있다"라고 하였다. 희망은 보람 있는 삶에 대한 사랑을 의미한다. 우리 삶에 대한 경외감과 책임성을 보여줄 수 있는 힘을 희망 속에서 찾을 수 있는 것이다.

각종 위기설이 나도는 지금이야말로 믿음 위에서 창조적인 희망찬 미래를 꿈꾸며 마음과 뜻을 모아 힘찬

발걸음을 내딛어야 할 때라고 생각한다.

한국 교회는 어두운 시대에 이사야 선지자가 "일어나라 빛을 발하라"(사 60:1)고 했던 외침을 들어야 할 것이다. 그리스도인들은 정신을 차리고 일어나 세상으로 나아가 삶의 빛을 보여주어야 한다. 모든 사람들에게 새로운 희망을 전해야 한다. 세상은 그리스도인들을 주시하며 하나님의 사람으로 사명을 다하기를 기대하고 있다. 경제난으로 실직하고 사업에 실패하고 절망의 수렁에 있는 이웃들을 예수 그리스도의 사랑으로 위로하고 격려하며 희망찬 새해를 맞이할 수 있도록 도와주어야 할 것이다.

철학자 아리스토텔레스가 "인간은 사회적 동물이다"라고 말한 것처럼 인간은 혼자서는 살아갈 수 없다. 나라가 어려우면 어려울수록 함께 고난을 당하는 정신이 있어야 한다. 그런데 경제적인 난국을 함께 걸머지고 나가야 함에도 불구하고 일부 몰지각한 사람은 타인을 전혀 생각하지 않고 이기적으로 행동하니 우리 국민의식 수준이 이것밖에 되지 않나 싶어 서글픈 마음까지 든다.

한 시대 속에서 대한민국이라는 같은 배를 타고 바다를 항해하고 있는 우리 모두는 서로의 도움이 절대적으로 필요하다. 내 가정, 나 혼자 잘살 수 있다는 착각에서 벗어나야 한다. 새 술은 새 부대에 담으라는 성경 말씀처럼 옛날의 구태의연한 생활 습관들을 벗어 버리고 새해에는 새 사람을 입어 새로운 삶을 살아갔으면 한다.

우리 민족은 역사 이래로 발전을 거듭하면서 이룩한 것들 가운데 강인한 정신력 같은 훌륭한 유산이 많다. 역경이 있을 때마다 하나로 힘을 모아 잘 극복해 온 것을 자랑으로 여기고 있다. 가장 어려운 시대를 맞고 있는 우리는 애국 애족하는 마음으로 국민 한 사람 한 사람이 책임감을 가지고 올바른 삶을 살아갔으면 한다. 모든 문제를 남의 탓으로만 돌리지 말고 스스로 반성하고 회개하여 성숙한 시민의식을 가져야 할 것이다.

맥아더 장군이 제2차 세계대전이 끝난 후 일본에서 다음과 같은 유명한 연설을 했다. "지금의 가장 시급하고 큰 문제는 경제적인 문제요, 경제적인 문제 이전에 정치적인 문제요, 정치적인 문제 이전에 도덕성의 문제요, 도덕성의 문제 이전에 신앙의 문제다."

여기에 비춰볼 때 기독교인들의 사명이 얼마나 큰지 알 수 있다. 지금까지 교회는 국가가 어려운 일이 있을 때마다 기도하고 국가 회복을 위해 헌신적인 노력을 기울여 왔다. 앞으로도 계속 교회는 주님의 사랑으로 힘을 모아 국난을 극복하는 데에 앞장서야 할 것이다.

교회가 민족 고난과 함께할 때 선교의 장래는 밝다고 하겠다. 이는 교회가 마땅히 해야 할 일이다. 절망과 실의에 빠진 백성들에게 희망을 비춰 주는 일이 교회의 사명이다. 이렇게 할 때 교회는 세상으로부터 외면당하지 않고 지속적인 교회성장을 성실히 이뤄갈 줄로 믿는다. 그리스도인들은 "너희는 세상의 빛이요 세상의 소금"이라고 하신 예수님 말씀대로 살아가야 할 것이다.

만약 교회가 교회로서의 사명을 다하지 못한다면 설 자리를 잃게 되고 말 것이다. 한국 교회가 선교 초창기부터 고난 받는 백성과 함께하고 가난한 자를 돌보며 무지를 깨우치고 섬기며 교회 부흥을 이룩하였던 것처럼 오늘날 그리스도인들도 헌신의 노력을 아끼지 말아야 할 것이다.

앞으로도 아름다운 신앙의 전통을 살려 민족의 장래에 희망을 주는 교회가 되었으면 한다. 온 민족이 힘과 지혜를 모아 전진해 나간다면 절망과 분열은 사라지고 남북통일의 꿈은 이루어질 것이다. 하나님을 사랑하고 이웃을 사랑하고, 나라를 사랑하는 애국심이 절실히 요구된다. 다시 새로 시작하는 마음으로 한 걸음씩 착실한 걸음을 내딛어야겠다. 내일의 희망은 오늘의 교회가 어떻게 책임을 다하느냐에 달려 있음을 명심했으면 한다.

희망은 기다리는 것이 아니라 만들어 가는 것이다. 시간과 환경과 여러 가지 여건이 우리에게 주어졌다. 새해에는 신바람 나는 세상, 웃고 사는 세상, 하나님의 사랑이 넘치는 아름다운 세상을 함께 열어갔으면 하는 바람이다.

지금도 전도할 때

오늘날 우리 대부분은 경제 위기를 피부로 느끼고 있다. 가정 경제와 국가 경제, 세계 경제가 혼란하고 어려운 가운데, 경제 위기의 여파로 범죄가 일어나기도 한다. 인간이기를 포기한 것처럼 보이는 흉악한 범죄들은 인간성 상실의 증거라고 할 수 있다. 인간성 상실은 참으로 심각한 위기가 아닐 수 없다.

이런 현실을 우리 교회는 먼 산의 불 보듯이 가만히 앉아 있을 수만은 없다. 경제 위기로 말미암아 삶을 포기하고 실의에 빠져 있는 사람들을 위해 기도하고, 그들을 어떻게 구원의 길로 인도할 수 있을 것인가를 연구하고 전도하는 일에 힘써야 할 것이다. 이 위기 속에서 소망을 잃지 않고 풍성한 삶을 살아갈 수 있도록 주님께 인도해야 한다.

기독교 역사에서 볼 수 있듯이 어려운 시대는 전도할 수 있는 절호의 기회가 되고, 실제로 이러한 때 교회가 부흥했다. 전도는 하나님의 대명령이요, 예수 그리스도의 최후 유언이다. 교회의 사명 중에 가장 큰 사명은 전도하는 것이요, 전도하는 일에 힘쓰는 교회는 비전이 있다는 증거가 될 것이다.

우리 모두가 익히 알고 있는 바와 같이 오늘날의 사회는 부정과 부패와 혼란이 넘쳐난다. 사회의 여러 구조악을 일부 정치인이나 경제인이 해결할 수는 없다. 온 국민이 마음을 새롭게 가다듬고 고통을 분담하지 않고는 난국을 극복할 수 없다. 우리 그리스도인이 여기에 더욱 힘을 보태고 마음을 보태야 할 것이다.

한국 교회는 선교 초기부터 어려운 국민과 함께 고난을 함께하며 구국 일념으로 기도하며 선교해 왔다.

근검 절약하는 일에 기독교인들이 앞장서며 전도의 터전을 마련한 좋은 본보기가 된다. 이에 많은 사람들은 교회에 대해 새롭게 인식하게 되었고 교회는 부흥하였다. 이 일을 바탕으로 교회는 선교의 열의를 다하게 되고 부흥의 역사가 일어난 것이다.

오늘의 현실을 보면서, 교회는 다시 한 번 민족에 대한 비전을 가지고 하나님의 뜻을 헤아리면서 전도의 기회로 삼아야 할 것이다. 전도를 하려면 우리 교회가 어떠한 모습으로 이웃의 고난에 동참하고 있느냐가 대단히 중요하다. 삶의 실의와 고통 속에 있는 이웃들에게 사랑의 관심을 가지고 돕는 사랑의 실천운동이 필요하다. 낮은 자리에 처한 이들에게 먼저 손을 내밀고, 초대교회처럼 그들을 품고 물심양면으로 도와야 할 것이다. 이웃을 외면하고는 교회 성장을 가져올 수 없기 때문이다.

한국 교회는 경제 위기로 말미암아 실직을 당하고 사업에 어려움을 겪고 고통당하고 있는 사람들에게 관심을 가지고 고통 분담에 참여해야 할 것이다. 기독교인들이 이런 사명을 다할 때 전도의 문은 지금보다 훨씬 넓게 열릴 것으로 믿는다.

교회의 목적은 영혼 구원이다. 한 영혼을 주님께 인도하는 일은 하나님께서 가장 기뻐하시는 일이다. 우리 모든 성도가 영혼 살리는 일을 위하여 기도하며 전도하는 데 총력을 기울여야 할 것이다. 교회의 전도 사역은 목회자 한 사람으로 되는 것이 아니라 어린이에서 장년에 이르기까지 모든 성도가 전도하는 열정을 가져야 이루어지는 일이다. 장래에 이 일은 하나님의 나라를 확장하는 일이요, 우리 민족을 살리는 일이 될 것이기 때문이다.

우리는 국가적인 경제 위기 속에서도 하나님의 인도하심을 믿고 우리의 사명인 전도하는 일에 총력을 기울여야 한다. 이 시대도 하나님의 복음을 전하는 가장 좋은 때임을 다시 한 번 기억했으면 한다.

위기는
위인을
만든다

　　　난세에 영웅이 난다고 했고, 위기는 위인을 만드는 법이다. 이것은 오랜 역사 속에서 검증된 진실이다. 오늘날은 난세라고 해도 무방할 만큼 혼란하고 여러 가지 문제점을 내포하고 있다. 이럴 때일수록 교회가 더욱 앞장서서 정의를 실현해야 한다.

　법이 흔들리고 원칙이 무너지는 이 시대에 교회 지도자는 역사의 전면에 나서서 불꽃 같은 정신으로 시대를 호령하고 무너져 가는 원칙을 지키며 백성들의 삶을 끌어안아야 한다. 교회 지도자는 도덕과 양심을 위해 모든 영광을 미련 없이 포기하고, 엄숙하고 강인한 모습으로 위기 속에서도 위인의 삶을 보여줄 뿐만 아니라 역사 속에서 녹는 소금이 되어 이 시대를 이끌어 가는 지도자가 되기를 바란다.

국어사전에 위인은 '도량과 재간이 뛰어난 사람, 또는 위대한 사람'으로 정의되어 있다. 시대마다 나라마다 사람마다 생각도 다르고 정의도 다르겠지만 위인들에게는 많은 사람들이 인정하고 공감할 만한 공통의 독특함이 있다.

고대에는 여러 분야에서 능숙한 사람이 위인이었다. 위대한 철학자가 곧 뛰어난 수학자였으며 동시에 존경받는 스승이기도 했다. 레오나르도 다 빈치는 뛰어난 화가인 동시에 실험정신이 강한 과학자였고 발명가였다. 그러나 중세 이후에는 한 분야에 두각을 나타내는 사람 가운데에서 위인이 많이 나타나기 시작했다. 정치가 링컨, 과학자 아인슈타인 등은 한 분야에 뜨거운 열정과 독보적인 실력을 갖춘 사람들이다. 이런 추세는 사회가 복잡해지고 전문화되는 현대에 이르러 더욱 심화되었고, 앞으로는 더욱 가속화될 것으로 보인다.

목회에 있어서도 어떤 한 분야를 심도있게 연구, 개발하는 목회자가 위인이 될 수 있다. 현대는 여러 분야에 두루 소질이 있는 사람보다 전문적인 분야에 지식을 가진 사람이 각광받는 사회이기 때문이다.

그러나 이제는 실력만이 전부가 아니다. 위인의 자세가 필요하다. 위인은 인간을 사랑하는 정직한 마음과 자신의 일을 사랑하고 그 일에 긍지를 가지고 사는 사람이다. 그러므로 실력은 우월하지만 사랑이 없고 부정직한 사람은 우수한 기능인일 뿐 위인은 될 수가 없다.

위인들의 또 다른 공통점은, 하나같이 역경을 이기고 위기를 극복했으며 한 분야에 대한 열정과 실력이 있었고 인간을 깊이 사랑했다는 점이다.

위인은 위기 속에서도 정직해야 한다. 정직은 인간의 명예이자 영광이기 때문이다. 영국 격언에 "하루를 행복하려면 이발소에 가라. 일주일을 행복하려면 결혼을 하라. 한 달을 행복하려면 말을 사라. 1년을 행복하려면 집을 사라. 그러나 평생을 행복하려면 정직한 인간이 되라"고 했던 것처럼 우리 인생에 있어서 마지막 승부는 정직이다.

재간이 별로 없고 머리는 그다지 우수하지 못해도 정직해야 한다. 속임수는 며칠 갈지 모르지만 몇 년은 갈 수 없다. 정직하면 처음에는 손해를 보는 것 같지만 마지막에는 이익을 보는 것이다.

한국 교회의 지도자들은 마음속에 정직이라는 레이더를 장착해야 한다. 그래서 끊임없이 사회와 교회에 민감한 반응을 보여야 할 것이다.

겉치레의
가면을
벗자

벌써 오래전의 이야기이다. 장관 부인들이 서울 강남의 최고급 의상실을 들락거리며 옷을 사 입었다고 해서 논란이 된 일이 있었다. 수천만 원대에 달하는 옷을 산 뒤 사법 처리를 앞둔 재벌 회장 부인에게 대금 결제를 요구했다고 한다. 일명 옷 로비 사건이다.

그럼 오늘날은 어떨까? 그때와 별반 다르지 않을 것이다. 우리 사회 고위층이 극도로 부도덕하고 고위 공직자들이 부패에 깊이 오염되어 있다는 사실은 상식처럼 인식되어 있다. 그러나 서민들의 삶은 어떠한가. 고위층과 너무나 대조적이다. 백화점이 아닌 대형할인점이나 시장에서 남편과 아이들이 좋아하는 갈치를 보고 머뭇거리다가 결국은 비교적 값이 저렴한 고등어를 사고, 한 통에 만 원 하는 수박이 먹고 싶다고 투정하는 어린아이에게는 아직 수박철이 아니니 다음에 사자고 약속하고 돌아서야 하는 것이 서민들의 삶이다. 언론에서 떠드는 고위층의 삶은 아예 상상조차 하기 힘들만큼 계층간 차별과 격차가 심하다.

자본주의 사회에서 사유재산을 어떻게 쓰느냐 하는 것은 개인의 문제일 수도 있다. 그러나 이것이 겉치레나 허영심, 자기 과시를 위한 수단이 되면 문제가 된다. 당시 옷 로비 사건의 당사자들은 기독교 정신을 통한 봉사 활동도 하고 있었다. 속과 겉이 다른 이중적인 행동을 함으로써 서민들의 상대적 허탈감이 더욱 심각해진 것이다. 오늘도 별반 다르지 않다. 봉사와 선행의 가면을 쓰고 사리사욕을 채우며 물질만능주의를 맹신하는 이들이 얼마나 많은지 모른다.

그렇다면 오늘날 우리 교계 지도자들의 모습은 어떠한가? 우리는 다른 사람과의 솔직한 만남을 원하면서도 겉치레와 거짓, 허영, 허식, 과시는 없었는지 생각해 보아야 한다. 우리는 주위의 세계에서 진실한 것을 찾아 헤매지만 외식과 교만, 관료적 행태 등으로 자신의 주위를 겹겹이 둘러싸 버리지는 않았는지 곰곰이 생각해야 한다.

산업사회적 시각에서 보면 소비를 늘릴수록 행복이 늘어난다. 그러나 자신이 소유한 물건이나 사들이는 물건을 자신과 동일시하다 보면 우리는 마치 무엇에 홀린 것처럼 소유물에 정신을 빼앗겨 버리고 말 것이다. 그래서 우리는 진정한 자신의 모습을 자유롭게 내보이지 못하고 다른 사람에게 더 매력적으로 보이기 위해 스스로 만든 가면 속으로 숨어 버리는 것이다.

지도자는 겉치레와 허식의 경주에서 스스로 빠져 나와 피상적인 겉모습으로 치장하지 말고 있는 그대로의 자신을 받아들여 자연스러운 아름다움과 권위와 위엄을 가지고 가장 우아한 모습을 보여주어야 한다.

가이사랴의 주교였던 바질(Basil of Caesarea)은 365년경에 이렇게 말했다. "누군가 다른 사람의 옷을 훔치면 우리는 그 사람을 도둑이라고 부른다. 벌거벗은 사람에게 옷을 줄 수 있으면서도 그렇게 하지 않는 사람도 그렇게 불러야 할 것이다. 당신의 찬장 속에 남은 빵은 배고픈 사람의 것이다. 옷장에 입지 않아 걸려 있는 코트는 그것을 필요로 하는 사람의 것이다. 신발장 속에서 썩어 가는 신발은 신발을 갖지 못한 사람의 것이다. 당신이 모아 놓은 돈은 가난한 사람들의 것이다."

오늘날 교계 지도자들은 이런 마음자세로 지도자의 길을 걷기를 바란다. 내게 있는 모든 것이 내 것이 아닌 이웃의 것이라고 생각한다면 내 것을 물 쓰듯 하지 않을 것이다. 이제는 허영과 거짓, 겉치레의 가면을 쓰고 이웃 앞에 서 있는 나 자신의 모습을 발견하고 내 모습 그대로를 모두에게 보여줄 수 있어야 한다.

우리는 고위층 부인들과 고위공직자들에게만 돌을 던질 수는 없다. 스타인의 명언 "장미가 장미일 때 비로소 그것이 장미이다"라는 말처럼 목사는 진정한 목사일 때 목사인 것이다. 지도자는 형식과 위선의 가면을 벗고 진실한 모습으로 창조주 앞에 서서 나라와 민족, 사회와 이웃을 직시해야 한다.

올바른
인간성을
회복하라

사람이 살아가는 모습은 다양하다. 그러나 어떻게 사느냐, 어떤 삶을 살 것인가를 결정하는 것은 전적으로 개인의 문제일 것이다.

그렇다면 지금 우리의 모습은 어떠한가? 세간에 떠도는 유언비어에 귀 기울이고 세상적인 것에 더 마음을 두고 있지는 않은지 모르겠다. 오늘을 살아가는 그리스도인 지도자들은 올바른 인간성을 가지고 나 자신을 성찰해야 할 것이다.

이런 불신의 사회 속에서도 훈훈한 미담이 종종 나

온다. 평생 폐품을 수집해온 팔순 할머니가 그동안 모은 전 재산 1억 원을 대학에 기증하여 주위 사람들의 심금을 울렸다. 결혼 1년 만에 남편이 병으로 죽자 이후에 60년 동안 홀로 살면서 생계를 이어 가던 장경자 할머니는 생활보호 대상자였다. 최근에는 암 진단을 받고 수술까지 받았다. 치료비로 5천만 원이 나가자 그녀는 마음을 굳게 먹고 이렇게 허비할 돈이라면 지금까지 고생해서 모은 것을 사회에 환원해야겠다고 생각하여 근처 한국외국어대를 찾아가서 장학금으로 기증했다. 장 할머니의 남은 소망은 돈이 없어 공부 못하는 학생이 없는 세상을 만드는 것이라고 한다. 그래서 병원비마저 한 푼도 남겨 두지 않고 모든 것을 털어 내놓았다.

바람직한 인간상은 어떤 것일까? 이상적 인간상은 어떤 속성을 갖고 있는가? 어떤 사람은 남의 물건을 훔쳐 자신의 욕구를 채우려고 하고, 어떤 사람은 모든 이들에게 도움을 주며 살면서 타인의 심금을 울리며 칭찬받는다.

그렇다면 지금 우리는 어떤 모습으로 이웃과 교인들에게 비쳐지고 있는가? 우리의 인간성을 곰곰이 생각해 보아야 한다. 인간성의 삼중 구조 가운데는 야성과 지성과 덕성이 있다. 야성은 자연 또는 본능 그대로의 성질이다. 다듬어지지 않은 거칠고 사나운 성질이다. 지성은 동물에게는 없는 것으로 인간만이 갖는 위대한 도구이다. 생각하고, 분석하고, 추리하고, 기억하고, 발명하는 것이다. 그러나 만능은 아니다. 양심이 없는 지성은 고등 지능범으로 전락하고, 인격이 없는 지성은 남을 속이며, 덕성이 없는 지식은 악의 지혜로 타락하기 때문이다.

인간성에서 가장 중요한 것은 덕성이다. 덕성은 사람을 사람답게 만드는 도덕적 능력이다.

인간은 덕성을 가질 때 인간다운 인간이 될 수 있다. 성실한 태도, 정직한 마음, 선량한 의지, 남과 협동하는 행동, 강한 책임감, 믿을 수 있는 성격, 거짓을 미워하고 진실을 사랑하는 정신, 예의를 지키는 교양, 인자하고 따뜻한 심성, 양심적인 감각, 정의감, 모두 다 덕성의 뿌리에서 솟아나는 꽃이요, 열매다. 《팡세》의 저자 파스칼은 말하기를 "인간이 자기 자신으로 되돌아와서 자신의 존재에 대해 깊이 생각하는 것은 바람직한 일이다"라고 하였다.

이제 우리는 하나님께서 창조하신 인간 본래의 아름다운 형상으로 되돌아가야 한다. 나 자신만을 생각하는 이기주의적인 생각에서 벗어나서 이웃과 민족과 국가를 위해, 아니 하나님의 나라와 교회를 위해 무엇이 될 것인가를 두 사건을 통해 깊이 생각하는 계기가 되었으면 한다.

시대를
분별하는
지혜를 찾자

속담 중에 "미련은 먼저 나고 슬기는 나중 난다"라는 말이 실감나는 때이다. 말인즉 '사람은 미련하고 부족하여 무엇을 잘못해 놓고서야 더 좋은 방법이 생각난다'는 말이다. 선택하고서야 후회하는 미련함이 이제는 반복되어서는 안 되겠다. 다시는 발등을 찍고 통곡하는 일들이 없어야 하고 우리 곁에서 사라져야 하겠다.

온 나라가 경제 위기에 몸살을 앓고 있다. 경제의 한파를 온몸으로 체감하고 있다. 아니, 벌써 우리의 삶 깊숙이 위기가 침투하고 말았다. 실업이 증가하고 곳곳에서 감원과 긴축 바람이 살을 에듯 불어닥치고 있다. 코로나 19라는 초유의 사태가 경제를 더욱 어렵게 만든다. 사회 곳곳이 멈추어 서서 갈 곳을 잃어버린 것 같다. 언제 어디에서 무슨 일이 벌어질지 또 무슨 사건이 일어날지 몹시 답답한 현실이 가슴을 아프게 한다. 이러한 때에 우리는 시대를 분별하는 지혜를 찾아야 할 것이다.

지금의 현실 앞에 기독교인으로서 무엇을 생각하고 말해야 할 것인지 다시 생각해야 한다. 사회를 새롭게 변화시키고 어두운 세상에 믿음과 소망과 용기를 주어야 할 교회로서, 이 상황에 어떻게 대처해야 할 것인가를 생각해야 한다. 아! 세상이 이 지경이 되도록 교회는 지금까지 무엇을 하며 어디에 있었단 말인가? 우리는 이번 기회에 이러한 일이 다시는 반복되지 않도록 기독교인으로서의 역할을 구체적으로 점검해 보아야 할 것이다.

그러면서 세상에 대한 교회의 책임감이 온몸에 파도

처럼 밀려오는 것을 느껴야 한다. 더 나아가 교회의 책임을 통감하며 참된 회개운동을 펼쳐야 한다. 빠를수록 좋다. 지금부터 우리 모두 회개하자. 마음을 찢고 하나님 앞에서 지난날에 허락하신 풍요로움을 허랑방탕하게 낭비했던 것을 고백하고 용서를 빌자. 어리석은 부자와 같이 가난한 이웃과 나누지 못했음을 시인하면서 회개하자.

누가 오늘의 현실 앞에 죄 없다고 말할 것인가. 하나님 앞에서 피조물로서 우리의 바른 자세를 살피고, 죄인 됨을 고백하고, 영원토록 그분만을 즐거워하는 것으로 우리의 삶의 목표를 다시 수정하자.

모두가 영적으로 투명한 영성을 회복해야 한다. 그리고 경건과 절제의 삶을 살아가자. 이 길만이 우리가 살 길이기 때문이다.

그 다음에 다시 시작하자! 지금 우리는 "회개하라"는 요한의 외침을 듣고 시대를 분별하는 지혜를 가져야 할 때이다.

연합과 일치

겟세마네 동산에서 고통스러운 죽음을 앞두고 "나의 원대로 마시옵고 아버지의 원대로 하옵소서" 하고 기도하시던 예수의 순종과 희생은, 인류 역사상 그 무엇과도 바꿀 수 없는 숭고함이 아닐 수 없다. 예수의 십자가 사건은 온 인류에게 구원의 은총과 부활의 소망으로 각자의 영혼을 만족시켜 주었다. 그러기에 사순절 절기를 보내는 기독교인은 여러 가지 어려움 속에서도 하나님의 뜻을 찾았던 주님처럼 구별된 생각과 경건한 삶의 모습을 실천하고 있는 것이라고 생각한다.

90년대 초 초고속 성장 고수입 시대에 경기 활황과 생활습관의 변화로 가족 중심의 레저문화가 유행함에 따라 교회 성장이 둔화되는 침체의 늪에서 헤어나오지 못하면서 한국 교회는 기존 패러다임의 변화를 강력히 요구받았다. 그러나 교회가 새로운 틀을 준비하기도 전에 사회는 경기 침체의 격류에 휩싸였다.

IMF로 인한 경기 침체는 전화위복의 계기가 되어 신앙생활을 게을리했던 많은 심령들이 교회 중심으로 돌아오게 만들었다. 그러나 사람들이 물질의 풍요를 회복하고 교회가 세상에서 구별된 빛과 소금의 역할을 하지 못하자 점점 교인 수가 줄어갔다. 그것 외에도 여러 가지 원인으로 교인들은 점점 줄어들어 기독교의 성장세가 꺾이고, 오히려 감소되기 시작했다.

그러나 위기는 또 다른 기회이다. 기독교가 박해를 당할 때 오히려 복음이 퍼져 나갔음을 기억해야 할 것이다. 그러기 위해서는 교회가 연합해야 한다. 단언컨대 '민족과 교회가 연합하고 일치를 이루어 나가는 것은 하나님의 뜻'이다. "보라 형제가 연합하여 동거함이 어찌 그리 선하고 아름다운고"(시 133:1)라는 말씀의 의미는 그 무엇으로 대신할 수 없는 것이리라.

여기서 한국 교회가 가장 우선적으로 해야 할 준비 작업이 무엇인가를 생각해 보자. 철저한 준비와 자기 진단이 없는 목표 제시는 아무것도 할 수가 없기 때문이다. 교회도 예외는 아니다. 사탄은 우리로 하여금 준비하지 못하게 한다. 사탄은 분파와 파당과 분열만을 원하기 때문이다. 그렇다면 연합과 일치에 어떠한 준비가 필요하겠는가?

첫째, 지역 교회들의 연합이다. 교단을 떠나 한 지역 안에서 각 교회가 연합해야 한다. 요즘 이단 사이비로 거론되는 집단은 전국적으로 일원화되어 있는데 우리는 개교회주의에 젖어 있다. 철저히 조직화된 교회는 안심할지 모르나 그렇지 못한 군소 교회들은 어쩌란 말인가. 연합해야 살 수 있다.

둘째, 강단 교류의 확산이다. 상호인정과 존중의 기반 위에 기도회를 실시하고 이단 사이비 대책 세미나도 열어야 한다. 각각의 좋은 장점들을 격려하고 인정하면서 강단에 대한 편협한 사고를 넓혀가야 한다. 열린 사고 속에서만 새로운 신앙의 부가가치를 창출할 수 있는 것이다.

셋째, 선교와 구제 등에 관한 사업을 교환하고 정례화하여 지역 안에서 서로를 도와야 한다. 결국 복음을 위한 목적이고 보면 못할 것이 무엇이 있겠는가?

넷째, 각 교회의 특성화 작업과 지도자의 자질 계발이 이루어져야 할 것이다. 이를 위해 지도자의 의식 개혁이 일어나야 한다. 미래의 지도자는 전문화 또는 특성화되지 않으면 가치를 상실하고 말기 때문이다. 각 교단과 교회가 파트너십을 가지고 서로 협력할 때만 교회는 그 위상을 유지할 수 있는 것이다.

연합과 일치는 하나님의 뜻이다. 사순절을 보내면서 예수의 십자가 사건이 무엇을 말해 주는지 깊은 묵상과 실천이 필요하다. 십자가 사건은 하나님과 죄인 된 인간이 일치를 이루는 사건이다. 십자가 사건은 사람과 사람이 일치를 이루는 사건이다. 십자가 사건은 조직과 조직이, 인간과 자연이 일치를 이루는 사건임을 깨달을 때에야 비로소 연합과 일치가 가능하리라 확신한다. 우리 모두 연합과 일치를 원하시는 하나님의 요구 앞에 내 뜻은 아니라 할지라도 '아버지의 뜻'에 맡기는 헌신과 결단이 필요하리라.

천사들의
아름다운
손길

우리 교회에는 다비다 미용선교 봉사팀이 있는데, 정부 지원 없이 뜻있는 후원자의 헌금으로 운영되는 지체장애인과 정신지체장애인의 생활 터전을 방문했다. 계속 해온 일이기에 싫증도 날 만하고 힘도 들겠지만 사랑의 수고는 힘이 들지 않는다는 말처럼 그들은 어린아이처럼 마냥 즐거워했다. 사람으로 태어나서 한 번뿐인 인생의 길에서 누군가를 위하여 사랑의 손길을 펼칠 수 있다는 소박한 꿈을 가지고 살아가는 이들이야말로 천사들이 아닐까 한다. 녹록지 않은 삶임에도 불구하고 한 달에 하루를 이웃 사랑하는 마음으로 살아간다는 것은 자신을 드리고자 하는 이들만의 기쁨이요, 행복이요, 보람이다.

세상에는 많은 일들이 있다. 그 가운데 나 자신의 삶을 살찌우기 위한 일을 하기보다 나보다 어려운 사람들을 찾아가서 사랑의 손길을 내미는 것은 이 땅 위에서 가장 아름다운 모습이 아니겠는가? 이들의 모습을 바라보는 나는 마음 한구석에 봄향기 가득한 기쁨의 향기를 맛보는 듯한 느낌이 들었다.

왜 그럴까 곰곰이 생각해 보면서, 나누고 섬기면 사랑하게 되고, 사랑하게 되면 마음에 교만과 거짓의 거품이 사라지면서 이웃을 향한 사랑으로 가득 차기 때문임을 알았다. 어려울수록 우리 주위에는 도움의 손길을 필요로 하는 곳이 많다. 그러므로 많은 사람들이 어렵다는 이유 하나만으로 나눌 수 없다고 하는 것은 불행이 아닐 수 없다. 가난하고 소외당한 사람들의 어머니로 불리는 테레사 수녀는 "진정한 기쁨은 서로 사랑하는 것이요, 진정한 사랑은 이것저것 재지 않고 거저 줄 뿐입니다"라고 말하였다.

나누고 섬긴다는 것은 사랑의 뿌리에서 영양분을 공급받고 열매를 맺는 것이다. 열매는 해가 갈수록 더 많이 맺어야 하는 것처럼 사랑의 수고도 계속적으로 열매를 맺어야 한다. 그러기 위해서는 남을 위한 수고를 삶의 기쁨으로 생각하며 주위에 더 많은 이웃들을 위하여 각자의 삶의 터전에서 열심히 일하면서 봉사의 손길을 게을리해서는 안 될 것이다.

인간은 망각의 동물이라고 한다. 시간이 지나면 과거의 숱한 일들을 까맣게 잊어버리는 것이 인간의 속성이다. 그러나 우리 교회 미용선교 봉사팀은 그렇지 않은 성숙한 모습이다. 어디에서든지 봉사하고자 하는 마음이 변하지 않고 그 귀한 일을 잊지 않기 위해 오늘도 봉사의 자리에서 기도하고 있을 것이다. 남을 위한 봉사 활동이야말로 망각해서는 안 될 가장 귀중한 일이라고 생각한다. 이들의 땀방울과 아름다운 마음이 어우러져 마치 각기 다른 개성을 통하여 고유의 음색으로 아름다운 조화를 이루어 내는 합창과 같이 봉사를 통한 사랑의 멜로디가 계속해서 울려 퍼져 나가기를 바란다.

오늘도 다비다 미용선교 봉사팀의 아름다운 봉사의 정신이 길이길이 기억되기를 소망하면서 마음속으로 나지막하게 속삭여 본다. "다비다 미용선교 봉사팀 화이팅!" 하고 말이다. 이 어려운 시대에 어두움을 밝혀 내는 한 줄기의 빛같이, 자신을 녹여 맛을 내는 소금과 같이, 자신은 땅 속에 썩어짐으로 아름다운 열매를 맺는 밀알처럼 나보다는 소외당하고 불쌍한 이웃을 위해 헌신하고 애쓰시는 집사님들의 삶에 뜨거운 박수를 보내드리고 싶다.

모든
영광을
주님께

　　　　인간 삶의 최고 목적은 하나님의 영광을 위하여 살아가는 데 있다. 피조물인 인간은 창조자를 기억하고 그분의 뜻에 순종하며 살아가는 것이 마땅하다. 하나님께서 모든 지혜와 공의와 힘의 원천이심을 인정하고 거룩하신 하나님의 말씀에 대하여 두려워 떨며 하나님께 영광을 돌려 드려야 한다.

　우리나라 최초로 미국 아카데미 작품상을 받은 영화 "기생충"에서 지하실에 갇혀 사는 '근세' 역할을 맡았던 배우 박명훈이 제56회 백상예술대상에서 영화

부문 신인상을 수상했다. 그는 "46세에 신인상을 받았다. 하나님께 감사드리고 영화 찍을 때 연기에만 오롯이 집중할 수 있게 도와준 봉준호 감독 이하 전 배우, 스태프들께 영광을 돌린다"고 소감을 밝혔다. 비록 늦게 빛을 봤지만 그는 하나님의 영광을 위하여 일했던 사람임에 분명하다.

사도 바울도 고린도의 그리스도인을 일깨워 주면서 다음과 같이 부탁했다. "그런즉 너희가 먹든지 마시든지 무엇을 하든지 다 하나님의 영광을 위하여 하라"(고전 10:31). 이사야 43장 7절 말씀을 보면 '인간 창조의 목적은 하나님의 영광을 위하여 살게 하는 것'이라고 말씀하고 있다.

이처럼 그리스도인들의 삶은 하나님의 영광을 위하는 데 있다. 교회의 사명도 '오직 예수 세계 선교'로 하나님의 영광을 나타내는 데 있는 것이다.

그러므로 우리 교회는 앞으로 더욱 성숙한 교회로서 세상을 새롭게 하며, 세계 선교를 위하여 더욱 힘차게 모든 성도가 기도와 사랑을 모아가야 한다.

먼저는 찬양으로 하나님께 영광을 돌리며 기쁨이 넘치는 성도들의 삶이 되었으면 한다. 우리 성도들이 가정에서나 교회에서 찬양하는 모습을 하나님께서 보시고 영광 받으실 것으로 믿기 때문이다. 시편 기자는 "호흡이 있는 자마다 여호와를 찬양할지어다"(시 150:6)라고 말하고 있다. 우리 모두가 뜨겁게 찬양함으로써 놀라운 변화의 역사를 이루어 가야 한다. 주일 오후에 드리는 찬양예배가 말 그대로 찬양으로 하나님께 영광 돌려져야 한다. 이렇게 하기 위해서는 적극적으로 찬양 예배에 참여해야 할 것이다. 온 가족이 한 자리에 앉아 찬양할 수 있는 분위기가 되었으면 한다. 그렇게 될 때 찬양이 가정과 삶의 터전에까지 파급될 것이다.

다음은 한 영혼, 한 영혼을 사랑하여 주님께 인도하며 자신의 신앙 성숙을 위해서도 힘써 나가야 한다. 생명을 구원하는 일은 주님의 소원이요, 우리에게 부탁하신 지상 최대 과업이요, 최후의 유언이요, 부탁이다. 이는 그리스도인의 최대의 사명이다. 우리 교회가 꾸준한 교회 성장을 가져올 수 있었던 것에 대하여 하나님께 감사를 드리고 함께 호흡해 온 성도들에게 늘 고마운 마음을 갖고 있다. 지금은 전도하기가 힘들고 성장이 둔화되어 가는 추세지만 우리 광주서남교회는 성숙한 장년의 교회로서 영혼 구원에 박차를 가해야 할 것이다. 이 일은 당회장 혼자만의 힘으로 되지 않고 온 성도가 기도하며 열심을 가지고 전도하는 일에 참여할 때 이루어지리라 확신한다.

우리 교회는 이웃과 함께하는 교회로서 전도하기 위한 좋은 터를 마련하여 놓았다. 우리 교회의 좋은 소문이 널리 퍼져 있다는 사실은 전도의 장점이 된다. 하나님께 영광을 돌린다고 하는 것은 주님이 가장 기뻐하시는 일을 하는 것인데, 그 일은 죽을 영혼을 살리는 구령 사업이다. 하나님의 교회를 성장시킴으로써 하나님께 영광 돌리는 교회로 거듭나는 40주년이 되었으면 하는 바람이다. 이웃뿐만 아니라 세계 도처에 흩어져 있는 25,000종족 중에 아직도 복음을 듣지 못한 11,000종족에게까지 복음을 전하는 일에 앞장서가는 선교하는 교회가 되도록 해야 할 것이다.

봉사함으로써 하나님께 영광 돌리는 교회의 사명을 다해야 할 것이다. 이웃과 함께하는 교회라야 성장이 있다. 이웃에게 외면당하는 교회는 비판의 대상이 되고 하나님의 선교 사역을 잘 감당하지 못하게 되기 때문이다. 남구 지역뿐만 아니라 빛고을 광주를 섬기며 봉사할 수 있는 교회로서의 사명을 다해야 할 것이다. 우리는 거하든지 떠나든지 하나님을 기쁘게 하며 하나님께 영광 돌리는 온 성도들이 다 되기를 기원한다.

포스트 코로나 시대
지금 우리는 무엇을 할 것인가?

1판 1쇄 발행 _ 2020년 9월 10일
1판 2쇄 발행 _ 2020년 9월 20일

지은이 _ 안영로
펴낸이 _ 이형규
펴낸곳 _ 쿰란출판사

주소 _ 서울특별시 종로구 이화장길 6
편집부 _ 745-1007, 745-1301~2, 747-1212, 743-1300
영업부 _ 747-1004, FAX 745-8490
본사평생전화번호 _ 0502-756-1004
홈페이지 _ http://www.qumran.co.kr
E-mail _ qrbooks@daum.net / qrbooks@gmail.com
한글인터넷주소 _ 쿰란, 쿰란출판사
페이스북 _ www.facebook.com/qumranpeople
인스타그램 _ www.instagram.com/qrbooks
등록 _ 제1-670호(1988.2.27)
책임교열 _ 이화정·오완

© 안영로 2020 ISBN 979-11-6143-435-3 03230

책값은 뒤표지에 있습니다.
이 출판물은 저작권법에 의해 보호를 받는 저작물이므로 무단 복제할 수 없습니다.
파본(破本)은 구입처에서 교환해 드립니다.